绘数学 会思维

HUI SHUXUE HUI SIWEI

李翠梅◎编著

安徽师范大学出版社
ANHUI NORMAL UNIVERSITY PRESS
·芜湖·

图书在版编目(CIP)数据

绘数学,会思维/李翠梅编著.—芜湖:安徽师范大学出版社,2021.5
ISBN 978-7-5676-5122-7

Ⅰ.①绘… Ⅱ.①李… Ⅲ.①小学数学课—课外读物 Ⅳ.①G624.503

中国版本图书馆CIP数据核字(2021)第076784号

绘数学·会思维　　李翠梅◎编著

责任编辑:孔令清　　责任校对:舒贵波
装帧设计:丁奕奕　　责任印制:桑国磊
绘　　图:高　超　黑　晨
出版发行:安徽师范大学出版社
芜湖市北京东路1号安徽师范大学赭山校区
网　　址:http://www.ahnupress.com/
发 行 部:0553-3883578　5910327　5910310(传真)
印　　刷:安徽联众印刷有限公司
版　　次:2021年5月第1版
印　　次:2021年5月第1次印刷
规　　格:880 mm × 1230 mm　1/24
印　　张:8.5
字　　数:120千字
书　　号:ISBN 978-7-5676-5122-7
定　　价:52.00元

安徽省教育科学研究项目

“小学低年级数学绘本教学的实践研究”校本教材

前言

孩子，你是否常听人说数学晦涩难懂、毫无趣味和美感，一点点也不好玩？唉，这可是你们对数学的极大误解呢！

数学世界里有美丽的黄金分割、奇妙的分形图形、迷人的平面镶嵌、离奇的等宽曲线、神秘的悖论和卓越完美的公式……不仅如此，随着学习的深入，你还会发现，数学与文学、艺术、人文等也有着诸多美妙的交汇与融合。

童年理应是一段美妙的旅程，而不是一场竞赛。而今，大量机械重复性的练习挤占了孩子们的读书时间，消磨着他们的好奇心和想象力。教育家苏霍姆林斯基曾经说过："一个不阅读的孩子就是学习上潜在的差生，一个人的智力启蒙、道德养成、素质培养，以及创新能力的发展，都离不开阅读。"足见阅读对一个人的成长和发展是多么重要！

阅读不是语文学科学习的专用方式，在全民阅读的今天，阅读应该成为一种学习习惯，对于数学也是如此。在越来越多的国际大规模学力测评中，有大量的证据表明，阅读与数学学业的成就正相关，也就是说会阅读的人取得的成就更高！

基于以上思考，编者依托安徽省教育科学研究项目"小学低年级数学绘本教学的实践研究"自主开发了《绘数学·会思维》这本校本教材，以期小读者们能在阅读中拓展数学学习视野，学会自主学习和独立思考，充分感受数学的魅力和美妙，在漫游数学乐园的过程中不断成长。

目 录/contents

数学就在我们身边

一起来做思维体操

师生共创数学绘本

数学就在我们身边

逛超市

蛋蛋和同学们约好了今天下午来家里聚餐，蛋蛋开心极了。

妈妈问蛋蛋：“今天下午一共有多少位同学来家里做客呀？”

蛋蛋认真地想了想，说：“连我一共有12位。”

“家里没有饮料了，你陪妈妈去超市，买些饮料回来招待客人吧！”妈妈笑着说。

蛋蛋很乐意去超市，因为他想买雪碧，雪碧是他最喜欢的饮料。

超市里的商品好多呀！有甜甜的蛋糕，黄澄澄的梨……蛋蛋高兴地手舞足蹈。

“我们应该买哪种饮料呢？”妈妈推来了手推车，站在饮料旁问蛋蛋。

蛋蛋正在专心地寻找雪碧，根本就没有听到妈妈在问他什么。

妈妈选来选去，把脚步停在了果粒橙旁，说："蛋蛋，我们买果粒橙吧！"

"可是，妈妈，我想喝雪碧呀！"蛋蛋有点儿不开心了。

"蛋蛋，果粒橙现在正在做活动，买三瓶送一瓶。"妈妈耐心地解释。

"好吧，妈妈，那我们就买果粒橙吧！"虽然蛋蛋有些不情愿，但他还是觉得听妈妈的话是不会错的。

妈妈边说边往手推车里放果粒橙，蛋蛋也赶紧过来帮忙。

妈妈看见了，连忙说："蛋蛋，拿得太多了，不要再放了！"

蛋蛋疑惑地说："连我一共有12个人，这才9瓶，不够一人一瓶呀！"

"果粒橙在做活动，买三瓶送一瓶！"妈妈点了一下蛋蛋的小鼻头，轻声说道。

"对呀！对呀！买9瓶就可以了，我怎么忘记'买三送一'了呢？"蛋蛋不好意思地笑了起来。

妈妈也笑着说："蛋蛋，我们一会儿再去买些水果吧！"

"谢谢妈妈，妈妈您真好！"蛋蛋高兴地跳了起来。

去医院

丁丁这几天身体不舒服，妈妈今天带他去医院看看。医院的人真多呀，丁丁和妈妈好不容易到了服务台，妈妈拿起笔，先在挂号本上做了登记，然后带着丁丁来排队。

十分钟过去了，人还是很多，丁丁和妈妈好半天才向前移动了一步。看着长长的队伍，他们有点儿发愁了。妈妈让丁丁数数哪支队伍人少，他们就去人少的那支队伍排队。丁丁数了半天，说："那边有支队

伍人少，是7个人，其他队伍都是十几个人。”于是，丁丁的妈妈就站到了7个人的队伍后面。

没过一会儿，他们后面又来了3个人排队。等呀等，终于挂上号了，妈妈这才长长地舒出了一口气。妈妈带着丁丁来到医生的办公室，经过一系列检查，丁丁也没有什么大碍，妈妈这才放下心来。

他们刚回到家，就看见爸爸在厨房里忙着。妈妈洗洗手，系上了围裙，做起了丁丁最爱吃的西红柿炒鸡蛋。丁丁拉着爸爸坐在了沙发上，对爸爸说：“爸爸，今天医院的人可多了！”丁丁一时半会都不知道怎么跟爸爸形容，只好说：“我们挂号的那一队，妈妈的前面有7个人，后面有3个人。”爸爸接着问道：“那你们那队到底有多少人呀？”丁丁脱口而出：“10个人。”

小朋友，你觉得丁丁说得对吗？

买早餐

早上，妈妈对着还在睡梦中的丁丁说：“丁丁，快起床，早饭已经准备好了。”

丁丁一骨碌爬起来，迅速穿好了衣服。刷牙洗脸后，丁丁正准备坐到饭桌前，只听妈妈大叫道：“哎呀，丁丁，我只想着做汤，忘了下楼去买鸡蛋饼和包子了。”

妈妈最近工作很忙，为了节省时间，她总是下楼买一些主食。

妈妈望了望爸爸睡觉的房间，转身对丁丁说：“丁丁，你爸爸昨晚加班回来很迟，让他多睡一会儿吧！你帮妈妈下楼去买鸡蛋饼和包子，好不好？”

丁丁懂事地点点头，说：“好的，我现在就去买。”

“门口鞋柜的抽屉里有零钱，你自己去拿吧！”妈妈说完转身又走进了厨房。

“妈妈，鸡蛋饼和包子分别多少钱一个呀？”丁丁边拉开抽屉边问妈妈。

妈妈一边搅着锅里的汤一边说：“昨天我买了一张鸡蛋饼和一个包子花了2元5角。今天要买两张鸡蛋饼和两个包子，你算算一共需要多少钱？”

丁丁想了想，说：“我知道要拿多少钱了！”

说完，他拿起钱，拉开门飞快地向楼下跑去。

小朋友，你知道丁丁买两张鸡蛋饼和两个包子需要多少钱吗？

跳绳比赛

早晨阳光明媚，果果和蛋蛋相约一起去上学。

路上晨练的人很多，有的在打太极拳，有的在打羽毛球，还有的在跳绳。

果果看见了，也很想玩儿，她赶紧跑了几步，追上蛋蛋说："蛋蛋，下午放学后，我们一起跳绳，好不好？"

蛋蛋停下脚步说："光玩多没意思呀，不如咱们比赛看谁跳得多。"

晚饭过后，小区里的人渐渐多了起来，蛋蛋和果果也蹦蹦跳跳地跑出来了。

果果还把自己的宠物小狗球球也带出来了。蛋蛋说："果果，咱们比赛前应该定一个规则。"

"什么规则？怎么定呀？"果果睁大眼睛好奇地问。

蛋蛋想了想说："这样吧，咱们每人跳3次，最后算总数，谁的总数多，谁就赢。"果果很同意蛋蛋的想法。

比赛开始了！果果先跳，第一次才跳了15下，她就很吃力了。蛋蛋很轻松地跳到了20下。

第二次比赛开始了！这次蛋蛋先跳，他跳了25下，果果也跳了25下。

这个时候小狗球球似乎也跟着紧张起来，它坐在果果身旁，不停地吐着舌头。

第三次跳绳终于开始了，这次蛋蛋一口气又跳了20下，可果果这个时候已经没有多少力气了。眼看着蛋蛋就要赢得比赛，她急得眼泪都要流出来了。蛋蛋最怕果果哭，她一哭起来就没完没了。

于是，蛋蛋赶紧走到果果的面前，说：“果果，你别哭。我有办法让你赢过我。”果果听了赶紧问道：“快告诉我，是什么办法？”

蛋蛋说：“这一次你只要能跳25下以上，你就肯定赢了！”

果果虽然不是很明白，但她还是听了蛋蛋的话，坚持跳了27下。

果果赢得了比赛，高兴得又蹦又跳。小狗球球也兴奋地围着她跑来跑去，好像在庆祝她的胜利。

蛋蛋也很开心，毕竟果果要是哭起来，那可是很麻烦的事。

可是，蛋蛋到底是怎么快速算出只要跳25下以上就能赢的呢？小朋友，你知道吗？

城堡里的游戏

小朋友们很喜欢豆豆老师来上课，因为豆豆老师总是有很多新奇好玩的游戏。这不，今天下午，豆豆老师又带着大家做起了游戏。豆豆老师说："小朋友们，我们今天玩个排列游戏，怎么样？"

"好呀，好呀！"小朋友们的积极性一下子就上来了。

豆豆老师接着讲起了游戏规则："有一天，我来到了一个古老的城堡里，在这里却迷了路，小朋友们要想救出我，首先要把城堡里的物品都摆放整齐。"

小朋友们一听，赶紧行动起来，他们首先来到了豆豆老师的讲桌边，看到讲桌上有一些长短不一的铅笔。

鼓鼓和蛋蛋把铅笔按照长铅笔——短铅笔——长铅笔的顺序摆放好了。

接着，他们又来到了图书角，这里放着很多小旗子，有黄色的和红色的。蛋蛋看见了，大声说："我知道怎么摆放了，应该是黄色的——红色的——红色的。"可是，鼓鼓仔细地数了数后，说："应该是黄色的——黄色的——红色的，因为黄色的比较多。"小朋友们七手八脚地把旗子也摆好了。

经过大家的共同努力，教室里的一切物品都摆放得很有规律。可是豆豆老师还是不能走出"城堡"，这可怎么办呢？

这时，豆豆老师又告诉大家："虽然你们按照规律把物品摆放整齐了，可是，你们还少喊了一句魔法咒语！"

"是什么咒语啊？快点告诉我们吧，豆豆老师。"大家一起问道。

"你们还应该一起喊：'草莓——草莓——葡萄'！"

于是大家一起大声喊道："草莓——草莓——葡萄，草莓——草莓——葡萄……"小朋友们的话音刚落，豆豆老师就从画好的城堡中跳了出来。

蛋蛋开心地拉着豆豆老师的手说："豆豆老师，你的新游戏真是太棒了，我们还想玩。"

豆豆老师说："除了游戏好玩外，你们有没有发现我很帅，很有学问呀？"豆豆老师用手整理了一下自己的头发，笑呵呵地问道。

"您是我们的偶像！"果果大声说道。

"哈哈哈……"教室里充满了欢笑声。

课间休息时，果果在吃苹果。

"蛋蛋，你帮我把苹果核扔了，好不好？"果果把手中的苹果核塞到了蛋蛋的手中，两只大眼睛可怜巴巴地看着蛋蛋。

"好吧！"蛋蛋最怕的就是果果的这个小眼神了。他接过苹果核，走出教室，可是，一转眼工夫他就回来了。

"咦？你怎么这么快呀？"果果好奇地问，"你把苹果核扔到哪里去了？"就在这个时候，鼓鼓气冲冲地走了进来，说："你为什么要把苹果核塞到我的口袋里？"蛋蛋见势不妙，拔腿就跑。

果果明白了，无奈地摇摇头。她拿出了10颗糖果，在桌子上摆成一排：跳跳糖——胶皮糖——胶皮糖——跳跳糖——胶皮糖——胶皮糖——？，然后她用手捂住了最后一颗问鼓鼓："你能猜到最后一颗是什么糖吗？猜对了，就送给你吃。"

小朋友，你也来猜一猜吧！

果果的书架

果果的妈妈在市区开了一家书店，果果每个周末都去帮忙。

妈妈在书店的一角放了一个书架，其中一层专门是为果果准备的，上面放了很多适合果果看的课外书。

妈妈希望果果多看书，多学点知识。可是果果偏偏不喜欢看书，即使勉强看了，看得也不用心。

这天，果果带着蛋蛋和鼓鼓一起来到她家书店。

书店的人不是很多，果果的妈妈招呼他们坐下，还给他们端来了牛奶。

调皮的蛋蛋东张张西望望，坐了还不到两分钟就站起来说：“鼓鼓，我们去书架找本书看吧！”

蛋蛋他们来到了书架旁，左翻右看，这时果果问妈妈：“妈妈，这层书架上一共有多少本课外书呀？”妈妈点了点果果的小鼻子说：“书架上有本《十万个为什么》，它左边有9本书，右边有8本书，你说一共有多少本？”

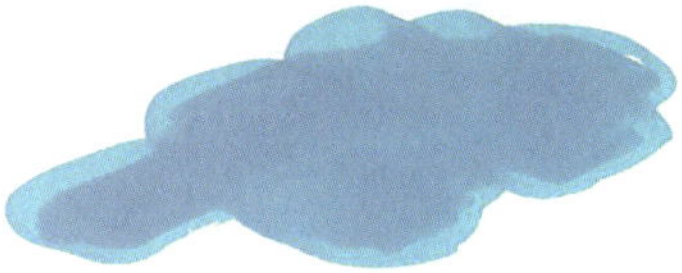

豆豆老师今天不在教室里上数学课，而是把同学们带到了游乐园。

“哦，我好像忘了一件事。”豆豆老师忽然想起来说。

对呀对呀，豆豆老师还没有统计全班的人数呢！

“老师，我来帮您统计吧！”

壮壮自告奋勇地举起手来，做豆豆老师的助手可是他最大的愿望。

豆豆老师还没有开口答应，壮壮就飞快地跑去清点人数了。

摩天轮上有4个男生、1个女生，就是4+1=5人。

旋转木马上有2个女生、4个男生，就是2+4=6人。

海盗船上有6个男生、5个女生，就是6+5，等于几人呢？

壮壮只会算10以内的加法，每次都是数自己的手指头来算，计算6+5等于几这个方法不管用了。

“果果，把你的手指头借我用一下好不好？”

果果说：“我教你算6+5吧！先把5分成4和1，算6+4＝10，再算10+1=11就可以了。”

“凑十法”可真是个好办法，壮壮以后再也不用借手指头了。

壮壮接着算：有4个女生在捉小鱼，5个男生在弹簧床上，1个女生在荡秋千，也就是4+5+1=10人。

这时，他突然发现，鼓鼓在海盗船上的时候已经数过了，现在在玩弹簧床，不能重复数了。

“哎呀，小朋友们跑来跑去的，都乱了，这可怎么数呀！”壮壮抱怨道。

“丁零零……”就在这个时候，豆豆老师打铃了，小朋友们很快回到了自己的座位上。壮壮忙着数道：“1、2、3、4、5、6、7、8、9、10、11……”

“豆豆老师，豆豆老师，我们班一共有30个人。”壮壮挺着小胸脯向豆豆老师报告。

“壮壮，你确定是30个人吗？有没有忘了数谁？”

“嗯？”壮壮挠了挠头，疑惑地说。

“你是不是把自己忘了呀？”豆豆老师摸了摸壮壮的头，笑着说。

老鹰捉小鸡

放学后，俊俊约果果和几位小朋友一起去楼下做游戏。她们玩了很久，直到尽兴了，才各自上楼回家。

俊俊回家后，妈妈正在做饭。妈妈问俊俊："你们今天玩的什么游戏？怎么这么晚才回来？"俊俊蹦蹦跳跳地来到厨房，对妈妈说："我们今天玩的'老鹰捉小鸡'。""哦？那和妈妈说说你们具体是怎么玩的？"

俊俊拿起一个刚蒸好的包子边吃边说："我是'老鹰'，果果是'母鸡妈妈'，她的后面还有几只小鸡。我负责抓她们，母鸡妈妈负责保护她们。"

"那你一共抓到多少只小鸡呀？"妈妈问道。

"我一共抓住了3只小鸡。"俊俊骄傲地说。

"那一共有多少只小鸡？"妈妈笑呵呵地问道。

俊俊刚想告诉妈妈一共有多少只小鸡，可她突然决定考考妈妈，于是说道："壮壮前面是果果，后面是蛋蛋，鼓鼓前面是蛋蛋，后面是丁丁，丁丁排在最后面。妈妈，你算算一共有多少只小鸡？"

妈妈端着炒好的菜，来到了餐桌旁，笑着说："你这个小机灵鬼，是在和妈妈说绕口令吗？"

俊俊调皮地说道："这不是绕口令，是排队问题。"

小朋友，你知道一共有多少只小鸡吗？

分蛋挞

周末终于到了，妈妈带着果果来到表弟鼓鼓家。

鼓鼓妈妈和果果妈妈在厨房忙活起来，又是做鱼又是烧肉。

果果能来家里玩，鼓鼓也非常开心。他拿出了很多好吃的和果果一起分享。

果果妈妈也把自己在路上买的蛋挞拿了出来，分给果果和鼓鼓吃。

鼓鼓看果果的蛋挞明显比自己的多，就对果果说："果果表姐，好东西是要平均分的，你愿意吗？"

可爱又单纯的果果并没有明白鼓鼓是什么意思，就点点头说："愿意呀！"

鼓鼓眼珠一转，"坏主意"就来了，他说："果果，你有几个蛋挞？"果果数了数，说："我有7个。"

鼓鼓也数了数，说："呀，我只有5个，你比我多2个呢！"

果果没有想明白，问道："那我们该怎么分？"

"你比我多2个，所以你得给我2个，这样才是平均分。"鼓鼓坏坏地说道。果果听了鼓鼓的话，乖乖地拿出2个蛋挞给了鼓鼓。

小朋友，按照鼓鼓的分法，他们的蛋挞就真的一样多了吗？

拎雪糕

二(1)班和二(2)班下午有一场足球赛，鼓鼓和蛋蛋自告奋勇地当起了送货员。

豆豆老师对鼓鼓说："你帮老师把这46块雪糕送到体育场去。"

鼓鼓不想一个人干活，他支支吾吾地说："豆豆老师，我一个人拿不了这么多呀。"

蛋蛋可是最喜欢为小朋友们服务了，他赶紧拉着豆豆老师的手说："豆豆老师，我和他一起去。"话音刚落，他们就来到了冰柜前。

鼓鼓抢先数了一些雪糕，拎起袋子就要走，蛋蛋赶紧数了数剩下的，还有26块雪糕。

蛋蛋眼睛一转，心想："鼓鼓可是最喜欢偷懒了，我得好好治治他。"蛋蛋拎着袋子紧跑了几步，对鼓鼓说："我的雪糕太多了，我拎不动了。"

鼓鼓扭头看了看蛋蛋手中的袋子说："我的也挺沉呢！"

蛋蛋赶紧说："要不这样吧，咱俩换过来拎吧！"

鼓鼓说："那还是算了，你再给我1块吧！"蛋蛋笑了笑对鼓鼓说："嘿嘿，你想得美！"说着，蛋蛋拿出3块雪糕，把它们放到了鼓鼓的袋子里，一溜烟儿跑了。

鼓鼓摇了摇头，拎着雪糕来到了体育场。

小朋友，你知道蛋蛋为什么要给鼓鼓3块雪糕吗？

夏天到了，爸爸带着鼓鼓来到了乡下的姥爷家。姥爷家的邻居有个和鼓鼓一样大的孩子，叫小小。小小很喜欢和鼓鼓一起玩儿。

这不，鼓鼓刚下了车，小小就扑了上来，给他一个大大的拥抱。小小拉着鼓鼓的手兴奋地说：“鼓鼓，李爷爷今年种了不少西瓜，现在都熟了，我们趁着李爷爷不在家，去摘几个尝尝，怎么样？”

鼓鼓可是最调皮了，他怎么可能错过这么好的机会呢！他拉起小小的手就向李爷爷家的西瓜地跑去。

李爷爷果然不在地里，鼓鼓见附近没人，赶紧和小小溜进瓜地里找起西瓜来。

小小找着找着，发现了一个大西瓜，他赶紧向鼓鼓挥挥手，让他过去。

鼓鼓走近一看，真是个不错的大西瓜。

他俩抱起西瓜正准备开溜，身后突然传来了李爷爷的声音：“你们这两个小家伙，干什么呢？”

“糟了，被李爷爷发现了。”鼓鼓心里暗叫不妙。

小小急忙解释说：“李爷爷，我俩口渴了，正好路过您的西瓜地，想摘个西瓜解解渴。”李爷爷笑眯眯地说：“你们这两个小滑头，明明是来偷我的西瓜，还找了这么个借口。”

鼓鼓赶紧把西瓜放在了地上，和小小站在一边，不好意思地挠了挠头。

李爷爷抱起西瓜说：“这样吧，你们如果切3刀就能把这个西瓜切成8块，这个西瓜就送给你们吃了。”

鼓鼓和小小看着西瓜认真地思考起来。一会儿，鼓鼓便高兴地说：“我知道怎么切了。”

小朋友，你知道怎么切吗？

吃饺子

蛋蛋妈妈包的饺子特别好吃，有三鲜馅、韭菜馅、芹菜馅……

蛋蛋的好朋友每个周末都想来他家聚一聚，为此蛋蛋骄傲了很长一段时间。

这不，蛋蛋刚起床，就听见“丁零零，……”的门铃声。

蛋蛋来不及穿鞋就跑了过去，刚打开门，鼓鼓、俊俊和果果就冲了进来。

他们刚一进门，就闻到了香喷喷的饺子味儿，直对着饺子流口水。

“孩子们，去把手洗了，然后来吃饺子。”蛋蛋妈妈笑呵呵地说。

洗过手后，鼓鼓迫不待地说：“阿姨，我要吃10个！”

蛋蛋妈妈笑着说：“你们都多吃点儿，锅里面还煮着很多呢，你们呀吃得越多，我越开心！”

饺子刚端上桌子，小朋友们就狼吞虎咽地吃了起来。

不大一会儿，小家伙们就吃饱了，小肚子都鼓鼓的。

蛋蛋妈妈说：“孩子们，你们知道刚才大家一共吃了多少个饺子吗？”

果果抢先说：“我刚才吃了6个。”

俊俊接着说：“我比果果多吃了1个。”

蛋蛋说：“我比俊俊多吃了2个。”

鼓鼓说：“我比蛋蛋多吃了2个。”

说完，大家都开心地围着桌子转了起来。

小朋友，你能算出来这四个小朋友一共吃了多少个饺子吗？

几个正方形

鼓鼓的老家在郊区，那里有家养老院。

每个周末，爸爸妈妈都会带着他去养老院做些力所能及的事情。

今天的天气非常好，他们很早就来到了养老院。

鼓鼓妈妈给老爷爷、老奶奶洗了很多衣服，鼓鼓爸爸还帮厨房的阿姨做起了美味的午餐。

午饭时间终于到了，大家都坐在一起，真是热闹极了。

鼓鼓夹了一大块肉给年龄最大的王奶奶吃。王奶奶笑呵呵地说："好孩子，你也多吃点儿。"李爷爷夹了一个大虾放到了鼓鼓的碗里说："鼓鼓，这次数学考试考得怎么样啊？"

爸爸说："这孩子最近有些贪玩，学习不太用心。"

鼓鼓一听不高兴了，他噘起小嘴巴说："我可爱学习了。这次数学考试虽然没有考好，可下一次我一定能得100分！"

王奶奶笑着说："鼓鼓，学习可不是光用嘴巴说说哦，这样吧，王奶奶考考你怎么样？"

鼓鼓站了起来，拍着胸脯说："绝对没问题，王奶奶您现在就提问题吧！"

王奶奶指着鼓鼓身后的玻璃窗说："那你就数一数，你身后的这扇窗户上面一共有多少个正方形？"

鼓鼓转过身，看了一眼立马转过身来说："不就4个嘛，太简单了！"

可是，鼓鼓的话音刚落，大家就笑了。

鼓鼓疑惑地摸了摸自己的脑袋，又转过身去重新数，心想："一共4块玻璃，不就是4个正方形吗？

小朋友，你知道鼓鼓错在哪了吗？

人民币组合

鼓鼓的爷爷很喜欢读报纸。每天早上，鼓鼓的爸爸都准时下楼，去给爷爷买一份报纸。

可是，昨天爸爸出差了，给爷爷买报纸的任务就落到了鼓鼓的头上。

爷爷为了考考鼓鼓的数学水平，告诉鼓鼓不要用微信支付。

“报纸多少钱一份呀！”鼓鼓一边穿鞋，一边向爷爷询问。

“4角钱一份，你给爷爷买两份。爷爷的钱包里有钱，你自己拿吧！”

“爷爷，您的钱包里都是50元、100元，我还是从我的储蓄罐里找些零钱吧！”

鼓鼓跑回自己的卧室，拿出了小熊储蓄罐，“哗啦”一下倒出了很多零钱，有1角、2角，还有5角，有硬币也有纸币。

鼓鼓看着一堆人民币，心想：我该怎么拿，正好是8角钱呢？他双手托着下巴，认真地想了会儿。“哈哈，我知道该怎么拿了。”

鼓鼓拿起8角钱飞快地跑下了楼，不一会儿，就帮爷爷买回了两份报纸。

小朋友，你能想出几种拿法？

蜡烛之争

署假到了，蛋蛋、果果和鼓鼓结伴去山上玩儿。

山上的风景真美呀，蓝蓝的天，白白的云，伸手好像就能碰到一样。

突然，鼓鼓大声喊道：“蛋蛋、果果，快看前面，那里好像有一座寺庙呀！”

蛋蛋和果果赶紧向前望去，可不是嘛，前面真的有一座寺庙。

鼓鼓说：“走，我们一起去看看。”说完，他背起书包就飞快地跑了过去。

蛋蛋不甘落后，也跟着跑了过去。

“你们等等我呀！”果果急得在后面大声地喊。

很快，他们就来到了寺庙中。

这里有好多的蜡烛！蛋蛋看了看，眼睛转了转，对鼓鼓说道：“鼓鼓，你的数学成绩不是很厉害嘛，那我现在出道题考考你怎么样？”

鼓鼓上周的数学测试得了99分，要不是写错了一个数字，他能得满分呢。

“好呀，有什么问题尽管提出来。”鼓鼓晃了晃脑袋，骄傲地说。

蛋蛋说：“一天晚上，这座寺庙里点了20根蜡烛。突然，一阵风吹了过来，吹灭了6根蜡烛。那么，到了第二天早上，这里还有多少根蜡烛呢？”

鼓鼓马上说道：“这也太简单了吧，还有14根！”

蛋蛋哈哈大笑起来，说：“不对，不对。”接着，他转过身问果果：“果果，你说还有多少根？”

果果想了想说：“还有6根。”

蛋蛋说：“果果你真聪明！”

可鼓鼓还是没有想明白。

小朋友，你知道为什么还剩6根吗？

停电了

周五晚上，鼓鼓来到果果家，她们打算一起看动画片。可是，节目刚开始没多久，果果家就停电了。

果果赶紧找来了手电筒，和鼓鼓一起找到灯的开关。

鼓鼓随手按了几下，说："真的停电了，今晚的动画片看不成了。"

这时候，果果妈妈回来了，她也去按了几下开关，确认停电了，便说："果果、鼓鼓，你们还没吃饭，妈妈正好点了两份外卖，你们先吃吧！"

果果和鼓鼓吃过饭后，还是没有来电。于是，鼓鼓就和果果告别回家去了。

果果准备睡觉了，她刚躺在床上，突然想到："如果半夜来电了，电灯要是开着的话，不是还要起来关灯嘛！"

于是，果果决定关了灯再睡。可又一想，鼓鼓和妈妈每个人都按了好几下，现在已经不知道灯到底是开着的，还是关着的了。果果躺在床上，仔细地想了想。鼓鼓一共按了三下，妈妈回来后一共按了四下，那么现在这个灯应该是关着的。于是，她转过身去，盖上被子安心地睡觉了。

小朋友，你觉得果果想得对吗？

投篮高手

鼓鼓放学回家后，吓了妈妈一大跳。原来，鼓鼓像刚从泥土里爬出来的一样，浑身脏兮兮的，小脸蛋上也全是泥巴。

妈妈赶紧放热水，让鼓鼓洗澡。妈妈一边放水一边问：“你这个小淘气，今天又到哪儿玩去了？”

“妈妈，我和蛋蛋他们一起去比赛投篮了。”鼓鼓笑嘻嘻地说。

“投篮？你得了第几名？”妈妈好奇地问道。

鼓鼓骄傲地挺起了胸脯，对妈妈说：“妈妈，您的儿子您还不了解？投篮可是我的强项呀！”

妈妈擦了擦鼓鼓的脏鼻子，笑眯眯地说：“那蛋蛋他们的成绩怎么样啊？”

“他们呀，”鼓鼓故意拉长了声音，缓缓地说，“我们可是计时比赛呢，在一分钟之内，看谁投中的多，谁就是投篮高手。”

妈妈帮鼓鼓换下了脏衣服，待鼓鼓洗完澡后，认真地听他讲起来。

“果果给我们计时，在相同的时间里，蛋蛋一共投中15个，壮壮比蛋蛋少投中5个，我比壮壮多投中10个。妈妈，您说谁是冠军？”

妈妈一听还真有点儿犯晕，不过，聪明的妈妈很快就算出了三位小朋友各投中了多少个球。

小朋友，你知道谁是投篮高手吗？快来算一算吧！

运动会里的学问

上周，豆豆老师向大家宣布了学校即将要开运动会的消息，同学们听了后兴奋地上蹿下跳。

大家报名踊跃，参加各个项目的人选已基本确定。鼓鼓报名参加了男子50米跑步，俊俊则报名参加了女子跳绳比赛。丁丁由于不擅长各类运动项目，被豆豆老师推荐到学校当记录员，负责统计运动员的成绩。

自从报了名，鼓鼓便和俊俊商量好，每天一起锻炼，并立志取得好成绩。

由于这周一直阴雨连绵，运动会的时间也是一推再推。终于，在一个星期的漫长等待后，同学们迎来了久违的太阳，运动会也最终定在了周五——一个阳光明媚的好日子。

俊俊在女子30秒跳绳比赛中发挥出色，跳出了86下的好成绩，鼓鼓的男子50米跑步也很顺利，跑出了9秒的好成绩。

丁丁由于负责成绩统计，所以对这两个项目进入决赛的成绩都很清楚。于是他趁着上厕所的空档，找到俊俊和鼓鼓，并告诉他们："俊俊，你的成绩很不错！跳了86下，还有4个进入跳绳决赛的同学，成绩分别是67下、83下、79下和77下，你最多，第一非你莫属！"说完，丁丁又转身对鼓鼓说："鼓鼓，你听我说了后别难过啊！你的成绩不太好，是9秒，其他4个同学的成绩分别是11秒、10秒、11秒和12秒，你最少，可是最后一名了呢！”

鼓鼓听得一脸疑惑，倒是站在一旁的蛋蛋听后哈哈大笑，对丁丁说：“丁丁，你这成绩怎么统计的呀！错啦，统计错啦！”

丁丁不解地看着蛋蛋，嘴里嘟囔着：“哪儿错了呀？看把你笑得……”

小朋友，你知道丁丁到底错在哪儿了吗？

数字卡片

又是一个美好的周末，蛋蛋、果果和鼓鼓结伴出来游玩。

他们来到了公园，这里人不多，风景也不错。于是，果果从书包里拿出一个铺垫，铺在了草坪上，三个好朋友把各自带的好吃的都拿了出来。

果果对大家说："我今天还带来了一盒数字卡片，这是我妈妈昨天买给我的礼物，我可喜欢了，今天带来和你们一起玩。"

蛋蛋一听来了精神，他一把抢过数字卡片，翻过来调过去地研究起来。

果果伸手夺回了数字卡片，开始摆放起来。她边摆边说道："昨天我有道数学题，怎么摆也不对，你们现在帮我看看，到底怎么回事？"

果果拿出了五张数字卡片，上面分别是4、5、6、=和+。

蛋蛋问："这就是你昨天摆的数字卡片吗？"

果果说："是啊，我想把它们摆成一个等式，但是怎么尝试也没有成功。"

鼓鼓一听马上说："不就是几张卡片吗，我来帮你摆。"话音刚落，他就摆了起来。

他先是摆了个4+5，发现和已经大于6了，接着他又摆了一个5+6，这个结果也不对。

蛋蛋认真地看了看卡片，说道："我有办法了。"说完他就摆了一个4+5的等式。这次真的把果果的难题给解决了。

小朋友，你猜猜蛋蛋是怎么摆的？

多种选择

壮壮和鼓鼓相约这个周末一起去儿童公园玩，鼓鼓的家离那里非常近，而壮壮的家离得相对远一些。

壮壮放学回家后，拉着妈妈的手说："妈妈，我明天要和鼓鼓去儿童公园玩，可是不知道该怎么去呀。"

妈妈笑眯眯地说："妈妈给你拿张地图，你找到咱们家和儿童公园的位置，自己找一下路线吧！"

壮壮想了想说："好吧！"

妈妈递给壮壮一张市区的地图和一支笔，说："你自己找找看有几条路线可以到儿童公园，找到后告诉我。"

壮壮拿着笔首先找到了自己家的位置，然后又找到了儿童公园的位置，接着他又把自己要经过的标志性建筑都画了下来，最后把这些建筑之间相通的道路也都标记了出来。

妈妈看了看壮壮的地图说："寻找路线的时候要记着，不要走没有必要走的路哟！"

看着壮壮疑惑的表情，妈妈缓缓地说道：“比如说，你这条路是从家里出来，经过水果批发市场和幼儿园就可以直接到达儿童公园了。可是你却从幼儿园绕过了动物园和超市，最后才到达儿童公园，这就是走了没有必要走的路。”

原来是这样啊，壮壮恍然大悟。他又仔细地看了看自己画的地图，认真地修改了一下，很快找出了几条简便的路线。

从壮壮家到儿童公园，到底有几条简便路线呢？小朋友，你也来找一找吧！

拇指饼干的故事

蛋蛋最近喜欢上了拇指饼干，还让妈妈买了一包，带到了学校和鼓鼓一起分享。

鼓鼓吃着吃着，突然想起了一件事。他在课外书上见到几个用火柴摆出的错误算式，但是书上却说，只要移动一根火柴，这些算式就正确了。

这个拇指饼干，此时不是正好可以代替火柴吗？蛋蛋那么聪明，一定能帮我解决这些问题。想到这儿，鼓鼓拿起拇指饼干，在桌子上摆了几道算式。

蛋蛋凑过来一瞧："嘿，鼓鼓，你怎么摆一些错误的算式呢？"

鼓鼓慢条斯理地说："这个是我在课外书上看到的，说是移动其中的一个拇指饼干，算式就正确了，可是，我怎么都没移正确，要不你来试试。"

蛋蛋盯着这几个算式看了看，然后，拍了一下手，说："我知道怎么移动了。"说完，他就摆了起来。

鼓鼓连连称赞道："蛋蛋，你不仅体育好，数学也好啊！"

小朋友，你会移吗？快来试一试吧！

分类与整理

果果的妈妈和俊俊的妈妈是好朋友，她们经常带着果果和俊俊一起去游乐园玩。

今天，果果和俊俊手拉着手，蹦蹦跳跳地又来到了游乐园。园里种了很多树，秋天到了，树叶都随风飘落了下来。

果果对俊俊说："俊俊，我们捡些不同的树叶，拿回去做标本吧！"

俊俊听了，开心地说："好呀，我去年就收集了不少树叶。"

两个小伙伴在小路上寻觅起来。不一会儿的工夫，她们就捡到了很多树叶。

俊俊和果果捡了不少树叶，有枫叶、松树叶、梧桐叶和杨树叶。

捡完后，果果坐在长椅上招呼俊俊过来，说："俊俊，我们把捡到的树叶放在一起，给它们分分类吧！"

果果说："我们把它们按照各自的种类分一分，然后再分别数出它们的个数。"俊俊和果果分类后，仔细地数了数，然后放在书包中，带回了家。

小朋友，你也快来数一数、填一填吧！

找规律

炎炎的夏日到了，蛋蛋和鼓鼓窝在家里避暑。蛋蛋咬了一口雪糕，对鼓鼓说：“不能出去玩真是太无聊了！”

鼓鼓想了想说：“要不我们打游戏吧！”蛋蛋摇摇头说：“妈妈最近让我少玩电脑，电脑都没收了。”

“那你说我们在屋子里还有什么好玩儿的游戏吗？”鼓鼓无奈地摇了摇头。

“我们玩找规律的游戏吧！”蛋蛋突然想起了这个游戏。

鼓鼓刚想继续问：“什么是找规律游戏？”可是他转念一想，要是让蛋蛋知道他没有玩过这个游戏，那他得多没有面子呀！

于是，话到嘴边就成了：“好吧！”

蛋蛋眨巴眨巴眼睛，拿出了一张纸和一支笔，在纸上画了几个格子。

蛋蛋把笔交给了鼓鼓说：“现在我们依次按规律往格子里画图，谁画得对谁就赢了。”

鼓鼓现在明白什么是“找规律游戏”了，他拿起笔来没一会儿就填好了。

小朋友，你发现其中的规律了吗？拿起笔来画一画吧！

做时间的小主人

俊俊是个活波开朗的小女孩，她很友善，乐于助人。小朋友们都很喜欢和她一起玩儿。

可是，最近她却和果果闹起了别扭，她们已经好几天没有说话了。这到底是为什么呢？原来事情是这样的：星期五放学后，果果对俊俊说："俊俊，明天我们一起去爬山吧。"果果高兴极了，说道："好呀，我好久没有去爬山了。"

"明天早上八点，我们在山脚下会合。""好的，明天见！"两个小朋友就这么愉快地挥手告别了。

可是，第二天早上，俊俊睁开眼睛一看，才七点半，她心想还有半个小时呢。于是，慢吞吞地起床，然后洗脸、梳头发又用去了近20分钟，最后和家里的小猫咪妙妙玩了好一会儿，才慢慢悠悠地出了门。

当她来到山脚下时，看见果果正在不停地张望着。她高兴地跑过去，拉着果果的手说："走，我们一起爬山去！"

可果果却甩开了俊俊的手，生气地说：

“你怎么这么晚才来，你知道现在几点了吗？”俊俊这才看了看手表，羞愧地说道：“天哪，都八点半了。”

果果生气地说：“你太不守信用了，我不想和你一起玩儿了。”说完，她就怒气冲冲地走了。

俊俊难过地低下了头，后悔地说：“如果起床后，我能快点洗漱，早点出门就不会迟到了。”

玩具市场

玩具市场新进了一批卡通人物模型，鼓鼓一眼就相中了一个大白的造型，他急忙冲过去问：“阿姨，这个多少钱？”

阿姨微笑着说：“这个大白11块钱。”

鼓鼓数了数自己手里的钱，数出来11张，买到了大白。

阿姨接着说：“你有很多零钱呀，给我换几张可以吗？”

鼓鼓说：“好呀！”阿姨给了他一张20元，鼓鼓给了她20张1元的。鼓鼓拿着手中的20元开玩笑地说：“阿姨，你一张换走了我的二十张，真是太划算了。”

转了一会，鼓鼓看到了壮壮。壮壮正准备买一个“长江七号”。可是他和卖家都没有零钱，正在那犯愁呢。

鼓鼓凑过去问：“壮壮，这个要多少钱？”

壮壮说：“这个要15元5角。”

鼓鼓看了看口袋里的零钱说：“你给一张1元的钱，我给你换两张5角的钱。”

壮壮开心地接过钱，递给了

老板说：“这个‘长江七号’帮我好好包装一下，它是我送给好朋友的礼物。”

鼓鼓嘿嘿一笑说：“听说你昨天把蛋蛋气哭了，蛋蛋最喜欢‘长江七号’了，你这是买给他的吧！”

壮壮不好意思地挠挠头说：“被你猜中了，蛋蛋和我生气了，这是买给他哄他开心的。”

鼓鼓拉着壮壮一起向市场里面走去。这个时候，他们又遇见了果果和俊俊，便问她们买了什么。

俊俊一脸调皮地说：“我们买了一样的洋娃娃挂件，每个7元钱，我给了老板4张纸币，果果给了他2张。你知道我们是怎么付钱的吗？”

鼓鼓撇撇嘴说：“付钱好麻烦哟，看来还是去超市买东西方便，收银台那里用电脑直接就帮你算得好好的。”

小朋友，你知道俊俊和果果是怎么付钱的吗？

找规律

壮壮的爸爸妈妈出差回来，给壮壮带回来一盒港式点心。

壮壮这下可高兴坏了，他伸手就想拿出来吃，却被妈妈拦住了。

妈妈笑着说：“这可是妈妈从很远的地方给你带回来的，你要想吃，得先回答我的问题。”

壮壮望着盒子里面的点心，咽了咽口水说：“妈妈，您快点说，究竟是什么问题？”

妈妈说：“如果你能很快就说出点心盒里有多少种点心，每种点心各有多少个就可以吃了。”

壮壮仔细地看了看这些点心，发现它们居然是按规律排列的，很快就数出了它们有4种，各有6个。

小朋友，你知道壮壮是怎么数出来的吗？

小高斯的故事

高斯上小学的时候，有一次，老师在黑板上出了一道数学题：

1+2+3+4+5+6+7+8+9+10=？

老师出完题，小朋友们都埋头算了起来。

因为刚学完加法不久，所以老师觉得小朋友们应该会算很久才有结果。

可是呢，没过一会儿，高斯就对老师说："我知道答案是多少了。"

老师吃了一惊，心想："这孩子不是自己胡乱写的吧？"于是，老师走过来想看个究竟。

高斯的答案是：55。

老师惊讶极了，惊奇地问高斯是如何算出来的。

小高斯有条有理地解释："先算 1+9=10,2+8=10,3+7=10,4+6=10, 再算 10+10+10+10+10+5=55 就可以了。"

高斯的算法简便极了，老师直夸他是个聪明、爱动脑筋的孩子。高斯这种化难为易的方法非常值得我们学习！高斯从小就显现出非凡的数学能力，长大后果然成了一名伟大的数学家。

玩转数字卡片

鼓鼓很久没和蛋蛋一起出去游玩儿了，他们决定这个周末一起去凤阳明中都皇故城遗址公园露营。

他们带了好多好吃的，有汉堡，有便当，还有奶茶……

到了公园后，他们支起了小帐篷，铺垫上摆满了好吃的，鼓鼓还拿出了几张卡片，上面分别是0、1、2、3、4、5、6、7、8、9。

鼓鼓说："蛋蛋，我手中有几张卡片，每张卡片只能用一次，我们一起摆一摆，看能摆出多少道加法和减法算式吧！"

说完，鼓鼓就把卡片放在了垫子上，蛋蛋也赶紧凑了过来，两个小家伙热火朝天地摆了起来。

小朋友，你能用这些数字摆出多少道算式呢？也来试一试吧！

足球比赛

今天，鼓鼓刚到教室，就招呼蛋蛋："蛋蛋，蛋蛋，今天下午有足球比赛，你知道吗？"蛋蛋最喜欢参加各种运动了，他立刻对鼓鼓说："我们一块儿参加吧！"蛋蛋很喜欢和鼓鼓在一个队伍，因为鼓鼓从小学过武术，身体很强壮，力气也很大。整整一上午，蛋蛋都没好好听课，他的心思全在下午的比赛上面。

等呀等，盼呀盼，下午的上课铃声快要敲响了。就在这个时候，豆豆老师走进教室，大声地宣布："同学们，一会儿我们在操场上举行足球比赛，大家要做好准备哟！"

“太棒啦！豆豆老师，我要参加！”

“还有我，我也要参加！”

“豆豆老师，算我一个！”

教室里真是热闹极了。

“丁零零，丁零零！”上课铃声敲响了。同学们飞快地走出教室，向操场跑去。

到了操场上，豆豆老师将参加足球比赛的同学分成了两组。

一组由班长壮壮带队，另一组由学习委员鼓鼓带队。

可是，俊俊却发现了一个问题：鼓鼓的队伍比壮壮的队伍长了一截，也就是说鼓鼓的队伍比壮壮的队伍人数多。

这样怎么可以呢？两组人数应该是同样多的呀！否则，即使赢了这场比赛，也是不公平的！

俊俊仔细地数了数，壮壮的队伍一共有9人，鼓鼓的队伍有13人。

俊俊把鼓鼓队伍里的4个同学拉到了壮壮的队伍里。

她心想：“这样两个队人数就同样多了！”

可是，当她再仔细地数了一遍后发现，壮壮队里的人又多了！

于是，她又从壮壮的队伍里拉了2个同学，到鼓鼓的队伍里！

“哈哈哈！这下对了，两组都是11人了。”俊俊开心地拍起手来。

“鼓鼓，加油！”“壮壮，你最棒！”

比赛开始了，操场上加油助威声，此起彼伏，热闹极了。

换松果

冬天到了，小松鼠要准备过冬的粮食了。他找来找去，只找到了6个水灵灵的大桃子，虽然桃子很漂亮也很美味，可是小松鼠想要挺过寒冬，需要他最爱的松果呀，手里的桃子怎么才能变成松果呢？小松鼠想来想去，毫无办法！

就在这时，来了一只小猴子，小猴子对他说："小松鼠，你手里的大桃子可真诱人呀！能给我一个吗？"小松鼠说："这可是我过冬的粮食呀，虽然我不爱吃桃子！"小猴子一听，立马叫道："反正你不爱吃桃子，你把桃子全给我吧！我用我的大白菜跟你换！2棵白菜换3个桃子，这个交换条件怎么样？"善良的小松鼠心想：虽然大白菜我也不爱吃，可是小猴子可以得到他最爱的桃子呀！于是小松鼠同意了小猴子的提议，把桃子全换成了大白菜。

就在小猴子高兴地拿着换来的桃子，准备离开时，却看到了小松鼠仍然愁眉苦脸的样子，于是对他说：

“小松鼠，别难过，我知道小兔子家就住在一棵大松树的下面，她家的松树结了好多松果，你可以用大白菜去找她换，她可喜欢大白菜了。”小松鼠听到这，高兴地谢过小猴子，连忙带着换来的大白菜去找小白兔了。

见到了小白兔，他俩很快就约定好了交换的条件：1棵大白菜换6个大松果。

同学们，让我们一起来帮小松鼠算一算，他一共可以换到多少个松果吧！

一起来做思维体操

一起来做 思维体操

1 小游戏。

(1) 左右

左手握拳头，右手握拳头；
左边拍拍手，右边拍拍手；
左手摸右耳，右手摸左耳。

(2) 凑十

先练习用下面的手势表示1，2，…，9，再和爸爸妈妈一起来玩“凑10”游戏。

2 搭一搭，数一数。

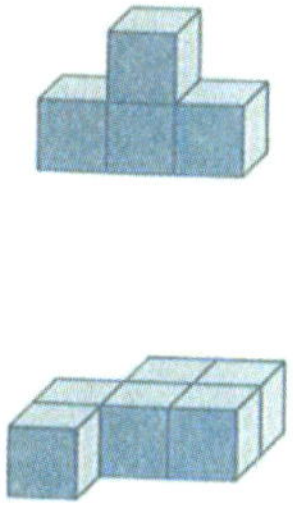

 有（　　）个　　 有（　　）个

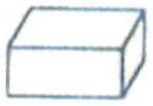 有（　　）个　　 有（　　）个

3 最重的画“√”，最轻的画“○”。

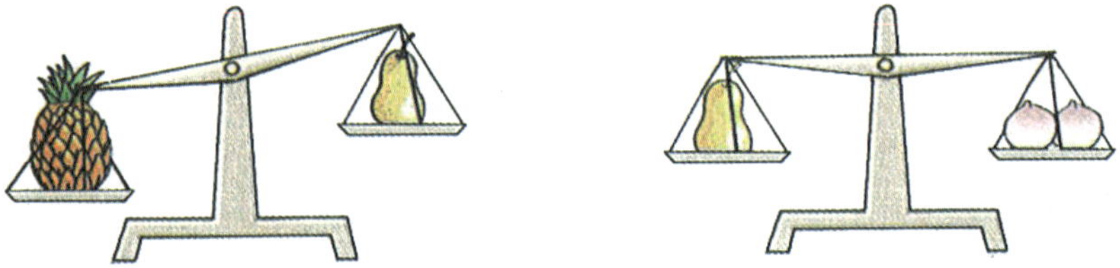

4 把4根短绳连在一起，要打3个结。如下图，如果是10根短绳连在一起，要打几个结？你有什么发现？

5 果果和小组里的每位同学都合照了一次，一共照了8次。这个小组一共有(　　)人。

6 找规律。

(1)盒子里一共有(　　)个白珠，(　　)个黑珠。

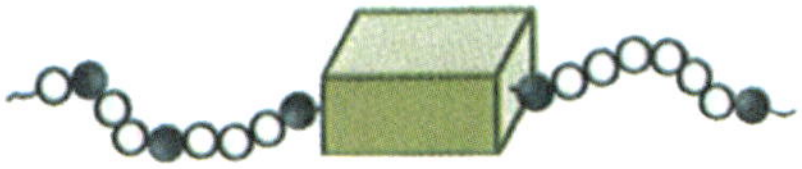

(2)找规律，填数。

7 把得数是 12 的涂成红色，得数是 11 的涂成绿色。

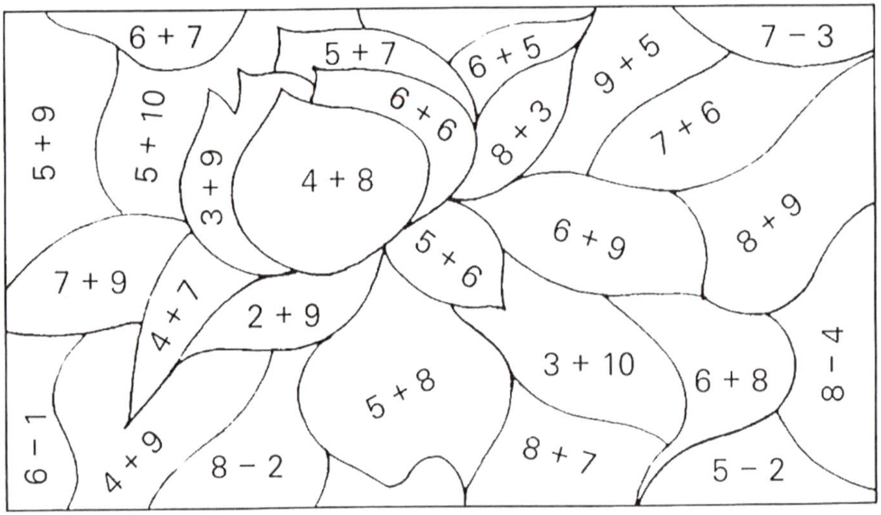

8 用□□或⊟框出两个数，把它们相加，得数能是 12 吗？动手试一试。

1	2	3
4	5	6
7	8	9

9 红红画了13朵红花，明明画了8朵，明明至少还要画几朵，才能超过红红？动手画一画吧。

10 按要求摆卡片。

（1）每次选三张数字卡片，组成一道得数是8的减法算式。你能想到（　　）种选法。

1	3	5	7	9

（2）如果从下面的6张数字卡片中选出4张，组成两个两位数，使它们的差是35。你能想出（　　）种选法。

1	2	3	6	7	8

11 从前往后数，小松鼠排第4，从后往前数，小松鼠排第8，一共有(　　)只小动物。

12 把下面的长方形、正方形、三角形和圆剪下来。

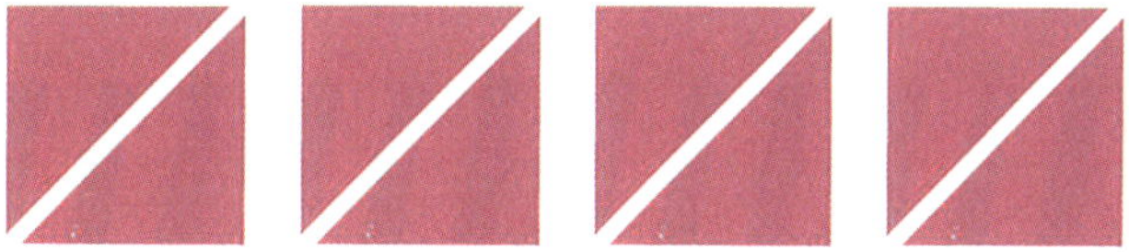

仿照下面的美丽图案拼一拼。你拼出了什么？是怎么拼的？

13 交换哪两筐，可以使两车运的苹果个数同样多？

14 七巧板是我国一种传统的智力玩具，用它可以拼出各种各样的图形，也称“七巧图”。

下面都是用一副七巧板拼成的图形，你也照样子拼一拼吧！

15 用棋子在棋盘上摆正方形。正方形的4条边上都有2枚棋子，要用多少枚棋子？4条边上都有6枚棋子呢？动手摆一摆。

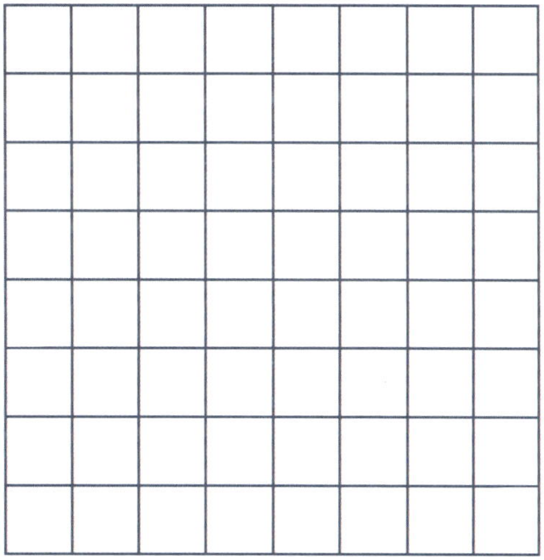

16 用8个相同的小正方形拼成一个长方形，你还能找到不同的拼法吗？

用12个、18个相同的小正方形也能拼成不同的长方形吗？要拼成一个正方形，最少需要多少个这样的小正方形？动手和小伙伴们一起拼一拼吧！

17 拿一张长方形的纸，用直尺分别量一量它的四条边，你有什么发现？把这张纸任意折一折，试试怎样折，折痕最长？大约长多少厘米？

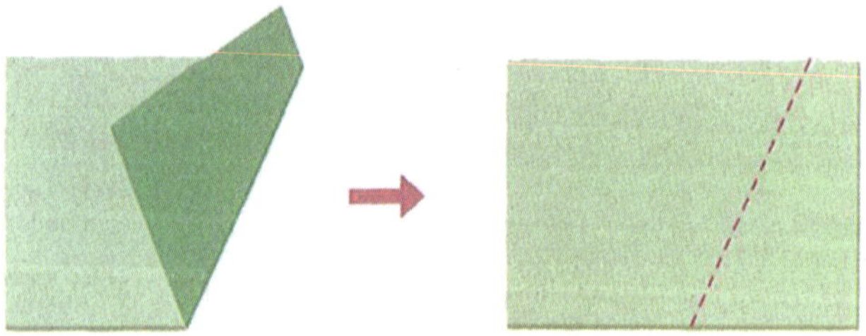

18 关于时间，我们已经了解了很多知识，赶快拿出你的小闹钟，拨一拨下面的时间吧！

19 找一张硬纸板剪一个圆盘，在圆盘中间粘上一块橡皮泥，把一根小棒竖着插在橡皮泥上（如下图），再把它放在太阳能照到的地方，如阳台、窗台等。

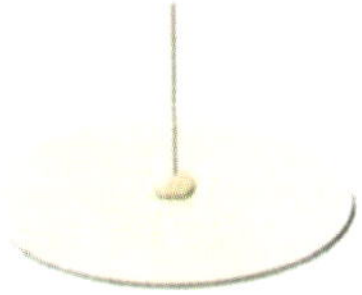

（1）在周六上午8时、9时、10时、11时、12时分别标出小棒影子的位置，并记录相应的时间。

（2）在第二天上午8～12时，任意选一个时间，看看小棒影子的位置，再根据影子的位置估计出这时的时间。

20 把一张正方形白纸折成8等份。先标出北面，然后标出东、南、西三个方向，再标出东北、西北、东南和西南四个方向。在家里先找到北面，再利用自制的方向板指出其他方向。

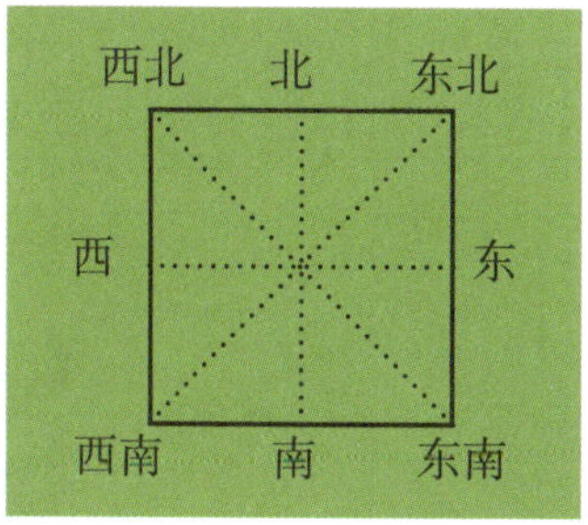

在你家附近确定一个观测点，和爸爸妈妈一起利用自制的方向板找出八个方向上的景物，并把下面的表格填写完整。

观测人员：______________________________

观测地点：______________________________

方　向	景　物
北　面	
南　面	
东　面	
西　面	
东北面	
西北面	
东南面	
西南面	

21 算盘是我国古代劳动人民发明的一种计算工具，早在1000多年前，人们就开始用算盘记数和计算。大约在500年前，算盘开始传入日本、朝鲜等国家。

我国传统的算盘，每档2颗上珠，5颗下珠，也称为“七珠算盘”。后来又出现了“五珠算盘”，每档1颗上珠，4颗下珠。

拨 5 颗珠子可以表示哪些三位数？如果只拨 2 颗珠子，又可以表示哪些三位数呢？快动手试一试吧。

22 直尺上最小格的长度是 1 毫米，可以用字母“mm”表示。

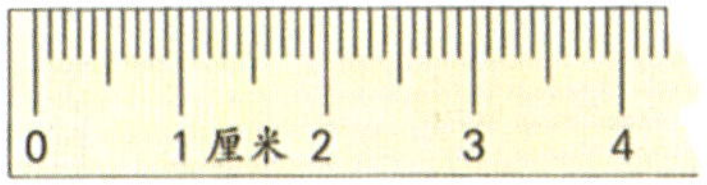

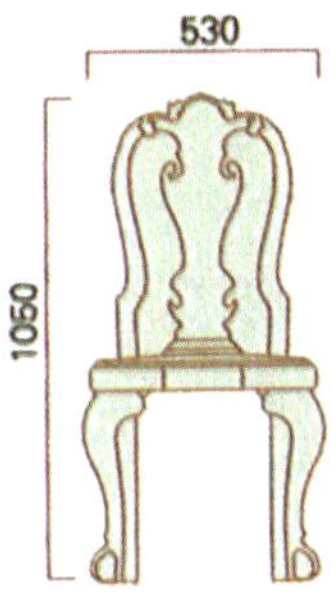

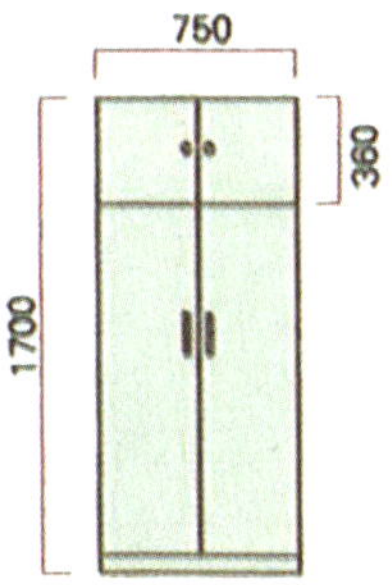

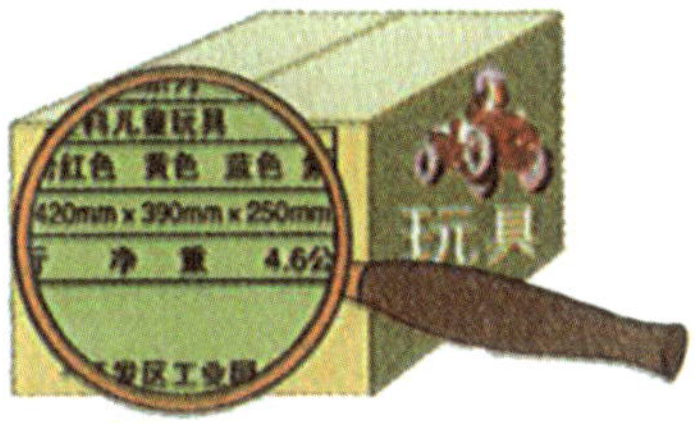

在绘制图纸和标注商品尺寸时，常常用毫米作单位。从左图中你能知道些什么？

23 微米是比毫米还要小的长度单位，1毫米等于1000微米。据说一张普通白纸的厚度大约是100微米。请你动手测一测10张白纸的厚度是不是大约1毫米。测完后将10张白纸的厚度再和身份证的厚度比对一下，你有什么发现？找一找，我们身边还有哪些物品的厚度大约1毫米？

24 在盛有少量水的盘子里放一个蒜瓣儿。先观察它几天后开始发芽，再记录发芽后蒜叶的生长情况。

蒜叶生长情况记录表

发芽后的天数	1	2	3	4	5	6	7
蒜叶的长度/mm							

25 用三种颜色的彩纸做9张卡片，每种颜色各3张，再任意在卡片上写出1～9。

将9张卡片反扣在桌子上，打乱顺序后，照下面的样子组成3个三位数，使颜色相同的卡片在同一数位上，然后把这些卡片翻过来，算出3个三位数的和。重复这样的操作，你能发现什么？

26 从左边的圈中选一个数，减去右边圈中的一个数。差最大是多少，最小是多少？

305　698　450

129　184　292

27 钟面上几时整，时针和分针形成的角是直角？在钟面上画出时针和分针表示。

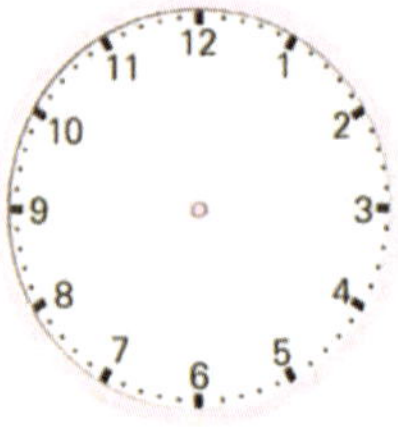

28 和爸爸妈妈一起，每人准备一副三角尺，合作拼一拼。

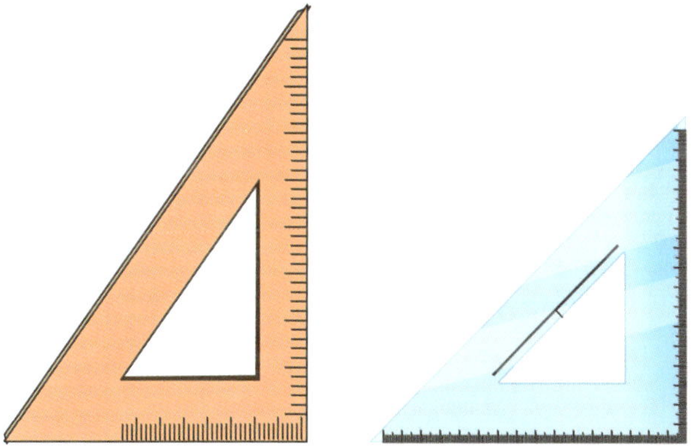

(1)用两块三角尺拼出直角。

(2)用两块三角尺先拼出锐角，再拼出钝角。

(3)用三块三角尺能拼出直角吗？试一试。

29 用筷子夹玻璃球十分有趣。玩之前，每个人都先估计一下自己3分钟能夹出几个玻璃球。发动家中每个成员，一起来玩这个游戏吧，记着及时把结果记录下来哟！

姓名						
成绩						

30 用下面三张数字卡片，可以摆出多少个不同的两位数和三位数？如果增加一张数字卡片 0，可以摆出多少个不同的四位数？动手试试吧！

3　6　7

你知道吗

1

都靠右走，说说谁走错了？

2

季军，你听说过吗？第一名是冠军，获金牌；第二名是亚军，获银牌；第三名就是大家很少提到的季军，获铜牌。

3 关于数学符号。

第一个使用“=”的，是英国数学家雷科德。第一个使用“>”和“<”的，是英国数学家哈里奥特。

500多年前，一位德国数学家魏德曼首先提出用“+”表示相加，用“-”表示相减。

300年前，英国数学家奥屈特首先提出用“×”表示相乘。后来，数学家赫锐奥特又提出用“·”表示相乘。

300多年前，瑞士数学家拉哈用一条横线将两个圆点分开表示除，就有了现在的“÷”。数学家奥屈特提出也可以用“:”表示除。

4 关于货币。

（1）下面是我国古代的一些钱币。

先秦刀币　　秦半两　　西汉五铢（zhū）　　咸丰大钱

（2）人民币是中华人民共和国法定货币。中国人民银行是负责人民币的设计、印制和发行的主管机关。

①第一套人民币于1948年12月开始发行，有12种面额。

②第二套人民币自1955年3月至1962年4月陆续发行，共有纸币和硬币16种面额。

③第三套人民币于1962年4月开始发行，共有纸币和硬币7种面额。

④第四套人民币于1987年4月开始发行，共发行了9种面额，在印刷工艺和防伪功能上有新突破。

⑤第五套人民币有1999年版和2015年版，2015年版的防伪功能更强。

5 小趣闻。

一次记者招待会上，一位记者问道："中国一共有多少钱？"周恩来总理幽默地回答说："我们有18元8角8分。"

事实上，当时使用的第二套人民币共有10种面额，即10元、5元、2元、1元、5角、2角、1角、5分、2分和1分，把这些钱加起来刚好是18元8角8分。

6 我国古代的乘法口诀，从"九九八十一"开始，到"二二得四"结束，只有36句。因为开头两个字是"九九"，所以又叫"九九歌"。

用手指可以帮助我们记住9的乘法口诀。你能看懂这些手势吗？它能帮助我们很快记住9的乘法口诀。你也试一试吧。

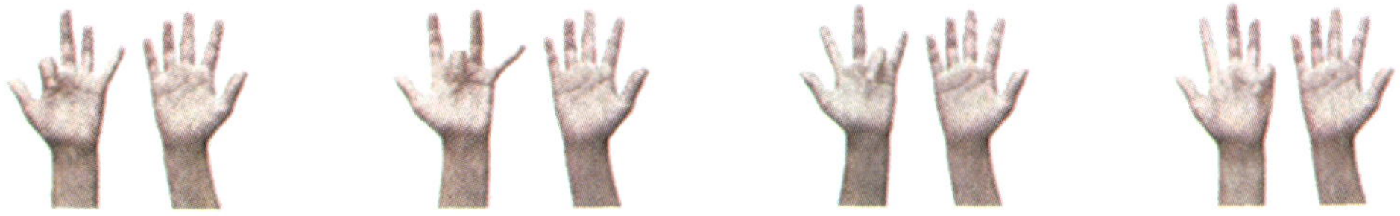

7

原始人白天到外面去打猎，晚上回到居住的山洞里休息。他们只知道用“日”和“夜”来表示时间。

立竿测日影

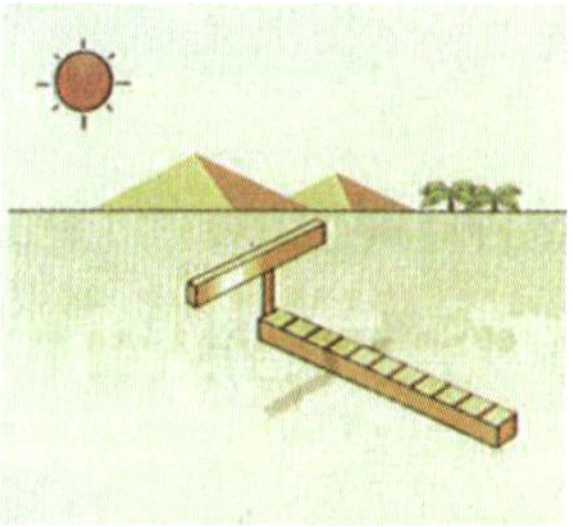

影钟

日晷(guǐ)

后来，人们利用测量物体影子的方法来确定时间。

水钟

铜壶滴漏

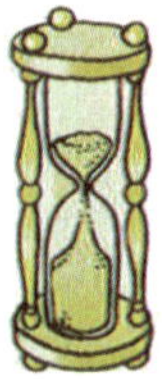

沙漏

人们也用滴水或漏沙的方法来计量时间。

再后来，人们发明了钟表，计时就越来越准确了。

8 指南针是我国古代四大发明之一。不论把它放在什么地方，指针总是一端指向南，另一端指向北。因此，它是辨别方向的工具。

在野外，可以通过观察树的年轮来辨别方向。树的年轮较疏的向着南面，较密的向着北面。

在夜间，还可以通过观察北斗七星和北极星来辨别方向。朝着北极星的方向是北面。

9 很久以前，我们的祖先在生产劳动和日常生活中，就有了记数的需要。例如，出去打猎的时候，要数一数出去了多少人；回来的时候，要数一数捕获了多少只野兽。他们常用下面的方法来记数。

用石子记数

结绳记数

刻痕记数

物体的个数多了，怎样数呢？聪明的祖先想出了“逢十进一”的办法。数一个物体，就在地上放一块小石子，有了10块小石子，再把它们换成一块大一点的石子，表示已经有了1个十……

后来人们逐渐创造了一些记数的符号，这就是数字。

甲骨文数字

算筹数字 （竖式） （横式）

阿拉伯数字 （早期的）

1 2 3 4 5 6 7 8 9

在用算筹记数时，如果遇到一个数位上是零，如607，祖先们是怎样表示的呢？开始，用空格表示这一位上“没有”。

为了表示得更清楚，后来用□表示这一位上“没有”。

再后来，为了书写方便，逐渐改为用○表示这一位上“没有”。

10 小朋友们都知道，阿拉伯数字由0、1、2、3、4、5、6、7、8、9共10个记数符号组成。但是，阿拉伯数字并不是阿拉伯人发明的，而是古代印度人创造的。

很早以前，印度人把一些横线刻在石板上，一横表示1，两横表示2……

后来，他们改用棕榈树叶或者白桦树皮作为书写材料，并把一些笔画挂了起来。

8世纪，印度一位叫堪克的数学家，携带数字书籍和天文图案，跟随商人的驼群，来到了巴格达城。

这时，中国的造纸术正好传入阿拉伯。于是，他的书籍很快被翻译成阿拉伯文，在阿拉伯半岛上流传开来，阿拉伯数字也随之传播到阿拉伯各地。

随着东西方商业的往来，公元12世纪，这套数字由阿拉伯商人传入欧洲。

欧洲人很喜爱这套方便实用的记数符号，他们以为这是阿拉伯人发明的数字，造成了一系列的历史误会。

尽管后来人们知道了事情的真相，但由于习惯了，就一直没有改正过来。

阿拉伯数字大约在13～14世纪的时候传入我国。

由于我国古代有一种数字——“筹码”，写起来比较方便，所以阿拉伯数字当时在我国没有被广泛地推广和应用。

20世纪初，阿拉伯数字在我国开始慢慢使用。

现在，它们已经成为人们学习、生活和交往中常用的数字了。

知道了吗？

师生共创数学绘本

神奇的尺子

凤阳县工人子弟小学
陈传宝

我家有一把神奇的尺子，

但它和普通的尺子可不一样。

不知从什么时候起，好看的小花衬衫穿得困难起来，

我最喜欢的小花鞋穿不上了，可爱的笑脸裤子也变短了。

噢！是的！
我长高了！
你知道我有多高吗？
我都长到爸爸的腰部了！

妈妈说不给我做衬衫了，而是准备给我做一条连衣裙。

可想要制作出合身的
连衣裙，必须要量出
我身体的尺寸。

测量需要尺子，可妈妈的尺子不一样，是“手尺”。

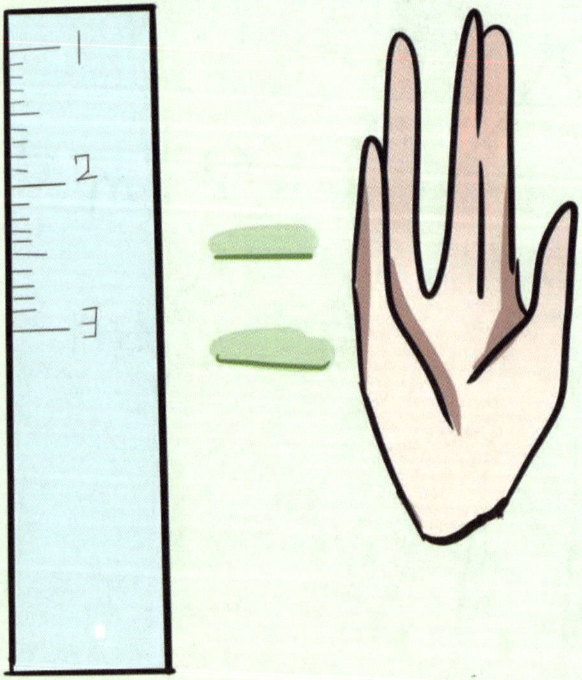

经过手尺的测量后，
一条漂亮的裙子便
完成了！

连衣裙做好啦！合身极了！
就像用真的尺子量的一样。
妈妈的手尺真神奇！

我的手也可以和妈妈一样吗？

一拃，两拃，三拃……

用我的“拃”来量量东西。

那再用脚长来量量吧！

一个，两个……

一步一步向前走吧！

院子太大了，
用脚步来量量吧！
一步一步又一步，
真是有趣极了！

我的身体是神奇的尺子！

我的手，我的脚……

都可以量。

我的身体是神奇的尺子，

我成长的时候，尺子也会一起长大。

放风筝

——找规律

凤阳县实验小学　陈宗义

春天到了，小明和小红从家里出来玩。

小明和小红一起做了10面小风筝，现在就要给风筝画图啦，小明给第一面风筝画了一只蝴蝶，第二面画了一只蜜蜂，第三面画了一只蝴蝶，第四面画了一只蜜蜂，第五面和第六面没画，第七面画了一只蝴蝶，第八面画了一只蜜蜂，第九面还是一只蝴蝶，第十面是一只蜜蜂。

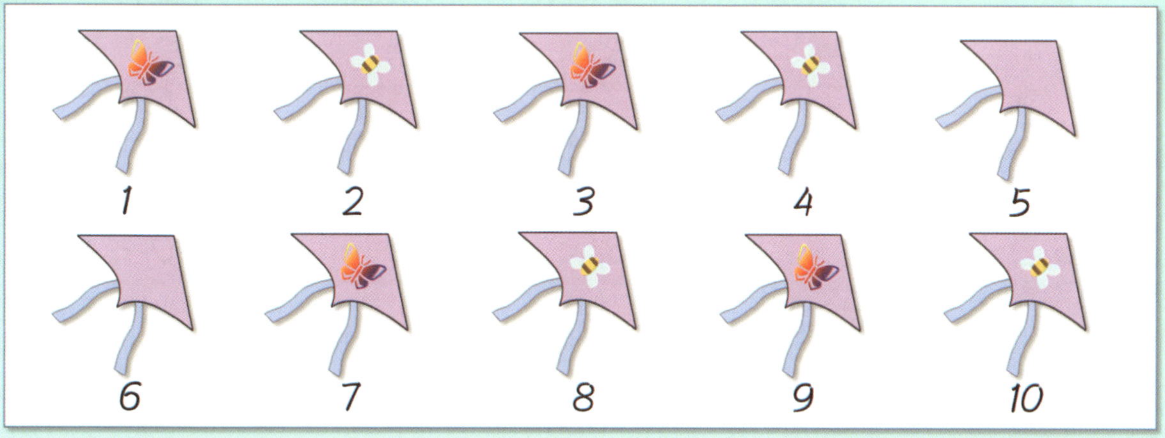

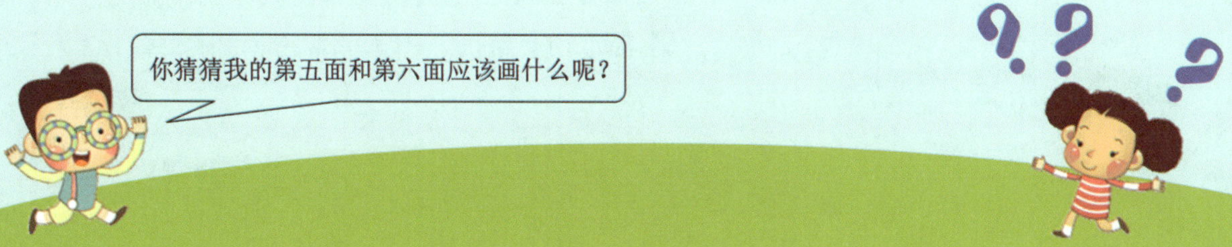

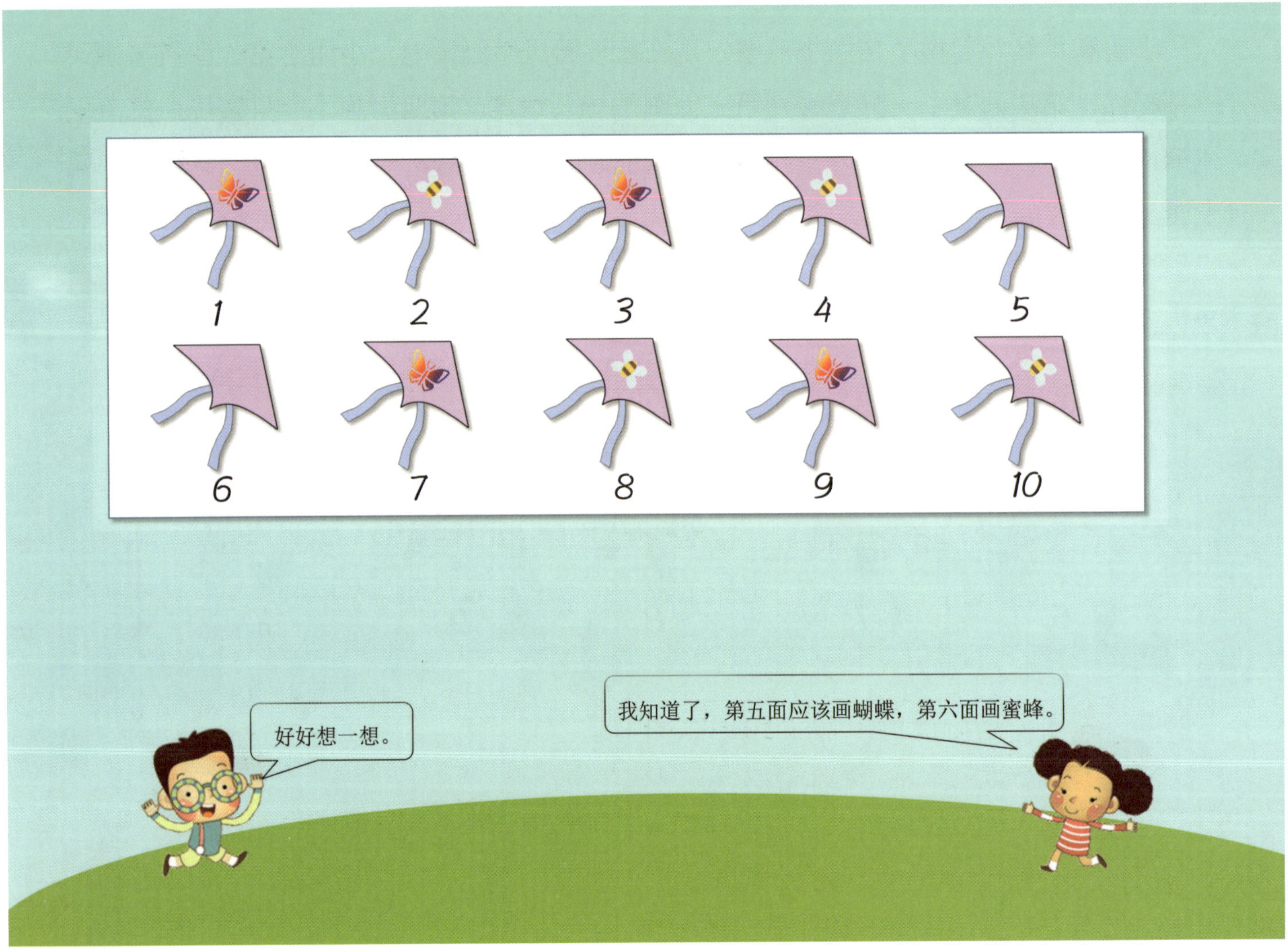
1
2
3
4
5
6
7
8
9
10
好好想一想。
我知道了，第五面应该画蝴蝶，第六面画蜜蜂。

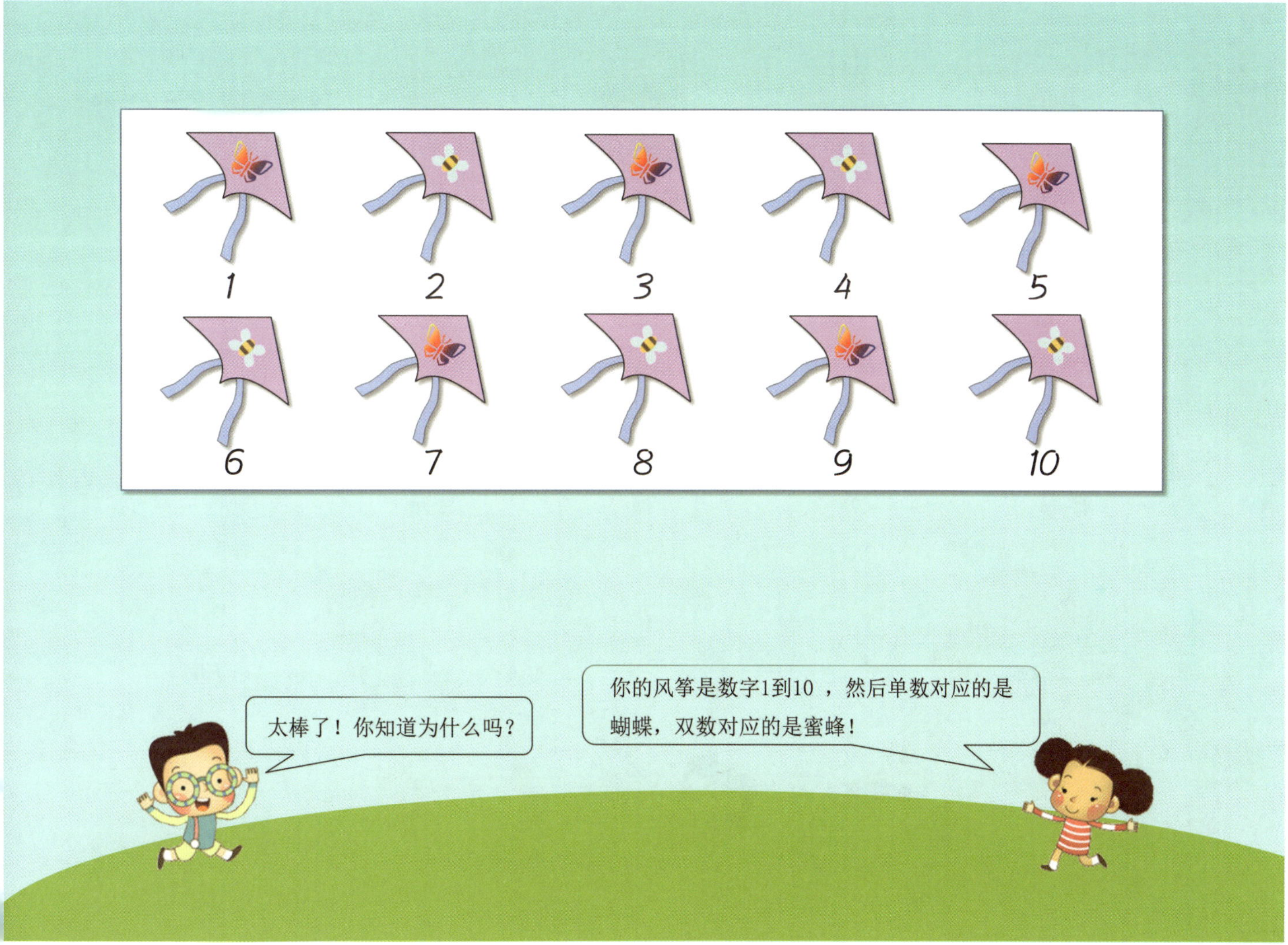
1 2 3 4 5
6 7 8 9 10
太棒了！你知道为什么吗？
你的风筝是数字1到10 ，然后单数对应的是蝴蝶，双数对应的是蜜蜂！

小明听了小红的话，高兴地说了一句：“ 你真聪明！那我们快去放风筝吧。”小明拉着小红一起去放风筝了……

山洞里的宝藏

凤阳县黄泥铺中心小学
高超

小朵和蓝宝是好朋友。这天小朵
指着一个神秘黑漆漆的山洞说
“那个山洞真神秘，我们
去看看吧！”

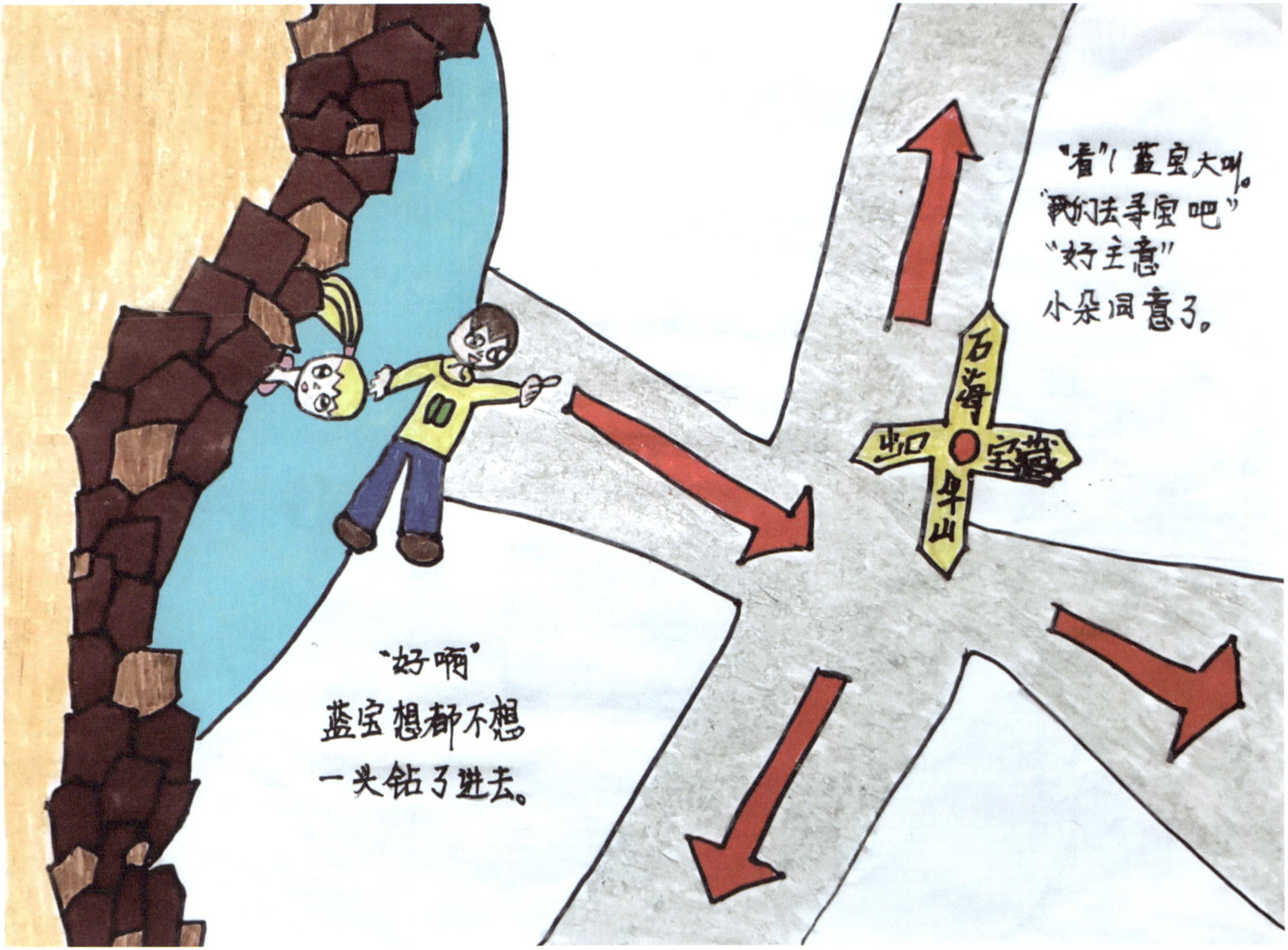
"看"！蓝宝大叫。
"我们去寻宝吧"
"好主意"
小朵同意了。
石海
出口
宝藏
旱山
"好啊"
蓝宝想都不想
一头钻了进去。

第一关是毛茸茸的大怪物守着。
"上面是两队蝙蝠，一队有两只，一共多少只？"大怪物粗声粗气地说。
"2乘2等于4，一共4只！"蓝宝说。
2×2=4
"答对了！这边请！"

第二关是蚕妈妈看守。
"这是一队蜘蛛，共七只，两队蜘蛛共多少只？"
"嗯……，我都数晕了！"蓝宝说。
"二七一十四，十四只！"小朵说。
"答对了！这边请！"
7 X 2 =14

好好学习
=
宝藏
9×9=81
12
18
81
宝藏盒上有道算式。
“九九八十一！选81”小朵说。
宝藏盒打开了，上面是
“好好学习=宝藏！”

我的一天

凤阳县二铺中心小学

姜兆海

早上6点啦！该起床了！
今天又是个上学的好日子呢！
6:00

现在快6：30啦！

迎着早晨的阳光，

洗漱洗漱……

换衣服、吃饭……
已经快7：10了，
该去上学啦！

7：50了，早读课开始了！

收拾好书包准备开始上课啦！

在最后一节数学课上，
我积极地回答了问题，
被老师表扬了。
真是有趣极了！

下午的最后一节是英语课。
我背诵了新学的课文。
老师夸奖我了！
真开心！

放学啦！
终于结束了忙碌的一天！

吃饭，洗澡，洗漱，我躺在床上已经9：00了，该睡觉了。
柔和的月光透过窗子，洒在了我的房间里，我轻轻闭上眼睛，回忆着我的一天。

丛林历险记

乘法的意义

凤阳县殷涧镇中心小学 刘涛

小明、小黑和小雪在大森林里迷路了，可把他们急坏了。就在这时草丛中跳出了三个土著人，拦住了他们。

第一局：小雪VS尖头，数出苹果树上有多少个苹果，谁先数出来，谁胜！

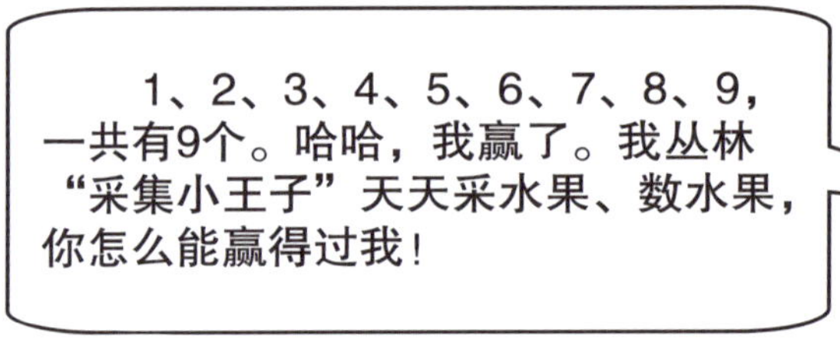

第一局土著人尖头比小雪数得快了那么一点点，所以第一局土著人尖头胜。

第二局：小黑VS三毛，四棵梨树上有多少个梨子？谁先回答出正确的个数，谁胜！

第二局小黑用了“几个几相加”的方法，算出了一共有多少个梨子，比土著人三毛快。

第二局小黑胜。

第三局：小明VS土著首领，四个小乌龟一共有多少条腿？谁先回答出正确结果，谁胜！

三局两胜，小明他们用自己的数学知识，赢了土著人。因为把数学知识传授给了土著人，所以他们和土著人还成了好朋友。土著人也给他们指出了走出森林的路。可土著人一行又被一个问题困扰了。

凤阳县亮岗学校　屈月月

小公主吃蛋糕，仆人端来圆形的蛋糕。

“圆圆的像盘子，我不要！”

"那这个像正方形的呢？"

"不好，不好，像个方方正正的凳子，我一点都不喜欢！"

"公主，你看这个长方形的蛋糕！"

"像个大盒子，我也不喜欢"

"还不满意吗？"

"我不满意！"公主不停地摇着头。

“这个蛋糕像个梯子真
奇怪还有吗？这个
我也不喜欢！”
⑤

仆人很着急，
好吧，让我再想想……
梯形
圆形
正方形
长方形

哇
“哇，我好喜欢三角形蛋糕！”
——给我，给我！”
⑦

过生日

凤阳县工人子弟小学　沈小艳

祝：宝贝生日快乐，
天天开心！
6
2

宝贝，恭喜你长大一岁，
爸爸考考你。
爸爸今年30岁，
宝贝今年6岁，
10年后，爸爸比
你大多少岁？
您说。
30－6＝24（岁）
24＋10＝34（岁）
10年后，爸爸比
我大34岁。
哈哈，错喽！
3

哪里不对呢？
4

妈妈，我哪里错了？
孩子，10年后，爸爸30+10=40
你6+10=16(岁)，爸爸
比你大40−16=24(岁)
还是24岁。
咦，怎么会这样？
因为，10年后，你的年
龄和爸爸的年龄都
长了10岁，所以你们
的年龄差不变，仍是
24岁。
5

原来是这样，
数学真有趣！
6

阳阳数鸡蛋

·凑10·

凤阳县实验小学　苏红艳

在一个村子里住着一位养鸡大叔，
他孤零零地住在一所旧房子里，
他仅有的朋友就是几只母鸡和邻
居家的孩子阳阳。
food

每天早晨，养鸡大叔要做的第一件事就是去看看母鸡，跟它们打招呼：

“我的母鸡，昨晚睡得好吗？哇，今天下了5个蛋！加上昨天下的3个蛋，4、5、6、7、8，一共就是8个蛋了呀！”

“要是能把鸡蛋拿出去卖就好啦。可如果就这样拿着走太远的话，鸡蛋一定会被打碎的。”

养鸡大叔的话被阳阳听到了。

2

傍晚时分，阳阳来到了养鸡大叔家：
"这是给您的礼物。把鸡蛋放在里面，就不会碎了。"
原来，手艺不错的阳阳做了一些盒子。
养鸡大叔非常感激，于是他把一只母鸡送给了阳阳。
"好好喂它，当它生的鸡蛋可以装满一个盒子时，
我就帮你卖了这些鸡蛋。"
"好的，我一定把它养得胖乎乎的！"
3

阳阳的母鸡开始生蛋了，现在，它每天都生一个鸡蛋，凑齐10个鸡蛋的时候，1个盒子就满了。

阳阳高高兴兴地拿着盒子朝养鸡大叔家飞奔过去。养鸡大叔开始数鸡蛋啦～

4

9
1
盒子里有9个鸡蛋
再装1个
7
3
盒子里有7个鸡蛋
再装3个
5
5
盒子里有5个鸡蛋
再装5个
6
4
盒子里有6个鸡蛋
再装4个.
8
2
盒子里有8个鸡蛋
再装2个
赶集的时间到了,
“来瞧一瞧,看一看,这里有新鲜的鸡蛋喽!”
养鸡大叔大声叫卖着,人们都聚拢过来,
很快,鸡蛋全部卖完了。
养鸡大叔高兴极了。
5

现在，养鸡大叔家里的母鸡又生了鸡蛋
昨天生了6个，今天生了7个。
6个再加7个，一共有几个？
“拿来1个盒子试试吧。”养鸡大叔说。

于是，他们从6个鸡蛋中拿出3个
放到了装有7个鸡蛋的盒子里。
现在，1个盒子装满了，另外还剩下3个鸡蛋
“因为1个盒子3个鸡蛋是13个，
所以6加7是13。”养鸡大叔说。

养鸡大叔的母鸡昨天下了8个鸡蛋，今天下了9个鸡蛋。"8个鸡蛋再加上9个，一共有几个鸡蛋呢？"阳阳突然想到，"往盒子里凑齐鸡蛋就知道了。"

要凑齐装有9个鸡蛋的盒子，还需要1个鸡蛋。我可以把8个鸡蛋分成1个和7个，把这1个拿出来，放进装有9个鸡蛋的盒子里，这样一共有1个盒子7个鸡蛋，17个，所以8加9是17。"阳阳仔细地想了一遍，终于算出了鸡蛋的总数。

7

后来，养鸡大叔又买了更多的母鸡。"以后会生更多的鸡蛋。"养鸡大叔的心里乐开了花，阳阳也为养鸡大叔感到高兴。
"咯咯咯，咯咯咯……"鸡舍里一片热闹欢腾的景象。
8

角

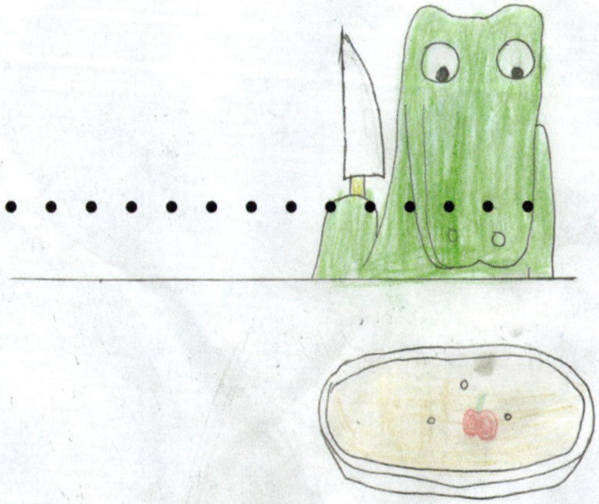

你最喜欢吃哪一种派？
是苹果派、草莓派，还是
香蕉、奶油派？

如果你喜欢吃派，
你就懂得角是什么，
因为切派的时候会
切出角来。

凤阳县实验小学

王从良

角是两条相交的线构成的。切派的时候，是不是只要切下两条相交的线就可以切下一块好好吃的"角"？

2

你可以用两根树枝做角。
把树枝像这样摆，
就有一个小小的角。

3

如果这样摆，

角就大多了。

当你切派的时候，切的角度大小很重要。如果你切的角度大，切下的那块派也就大；如果你切的角度小，切下的那块派也就小。

现在有四个人要平分一个派，每个人分到的角度应该像图上虚线画的那么大。

角度的大小可以告诉我们时间。正午十二点的时候，时针和分针是重叠的。

五分钟以后，时针和分针就形成这样的角度。

再过十分钟，时钟和分针的角度就变成这样了。

哇！角度越来越大了。到了时针和分针指着相反的方向，两根针就成了一条直线。这个时刻应该是十二点半过一点点。

接下来，分针就会慢慢靠近时针。

顺着分针移动的方向，时针和分针形成的角度，一边是越来越小，另一边是越来越大。

如果你切下的一块派，有四点钟到十点钟之间的角度那么大，这块派会是什么样子呢？

要是你真切了这么大的一块派给自己吃，那你可真是太贪吃了。这足足有半个派哩。

这半个派的角度很特别。

首先，角的两边正好成一条直线。

8

另外，这半个派的角度也和三角形有很密切的关系。

那么，三角形又是什么呢？三角形就是有三个角、三个边的图形。

这里有许多三角形：

9

现在，拿一张薄纸板，用剪刀剪下一个三角形。
然后，像图上一样，把三个角画出来，
涂上颜色，再写上1、2、3。

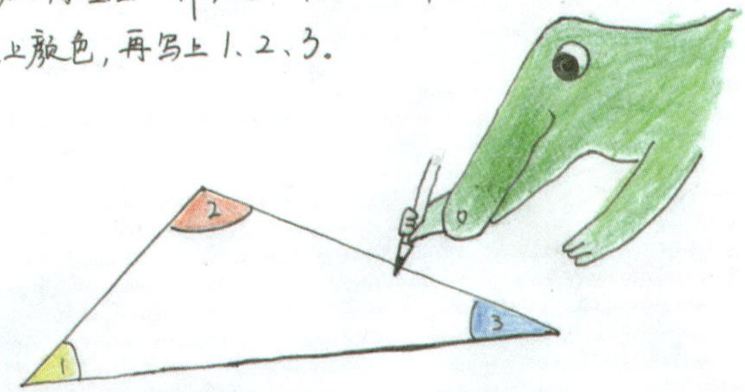

把三角形像图上这样
剪下。

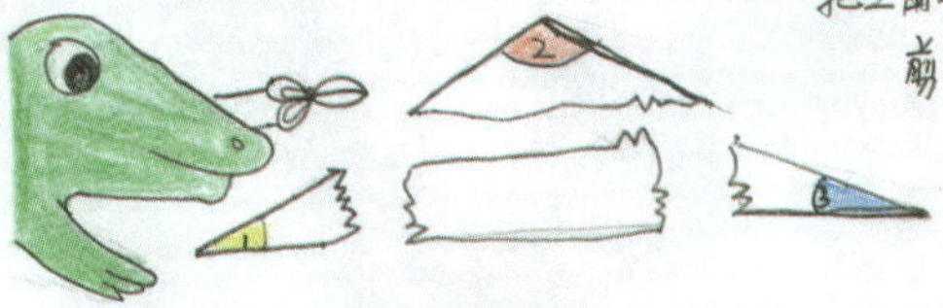

再把剪下来的三个角照图上这样
拼起来。这三个角可以拼成多大角度
的派呢？

10

四角形是有四个角的图形。四角形有四个边，所以也叫四边形。

猜猜看，一个四角形的四个角加起来，该会是多大角度的一个派呢？

假如你想知道答案，你可以像前面剪三角形的方法来做做看。

首先，像图上这样，剪下一个
四边形，然后把四个角画出来，
涂上颜色，写上1、2、3、4。

11

现在，把四个角剪下来，照前面拼三角形的三个角那样，把四个角拼在一起。

你看到结果了吗？很奇妙吧！

你知道为什么一个四边形的四个角加起来，会是一个三角形的三个角加起来的两倍？

如果你像图上这样，把一个四边形分成两个三角形，就知道原因了。

所有的四边形都可以分成两个三角形。首先，画一条直线，连接四边形相对的两个角。然后剪开来，看看会不会剪出两个三角形？

再试试看，把几个不同形状的四角形剪成两半，是不是也都会变成两个三角形？

有五个角的图形叫做"五角形"。像前面一样，剪下一个五角形，再画出五个角，涂上颜色，写上1、2、3、4、5。然后，把五个角剪下来，拼在一起。

你看奇妙不奇妙？

这五个角等于一个派加半个派的角度那么大呢。再多剪几个不同的五角形试试看，是不是五角形的五个角合起来等于一个半的派的角度？

有时候，你必须把五个角中的一个角剪成两个角，才能完整地拼出一个派和另外半个派的角度。

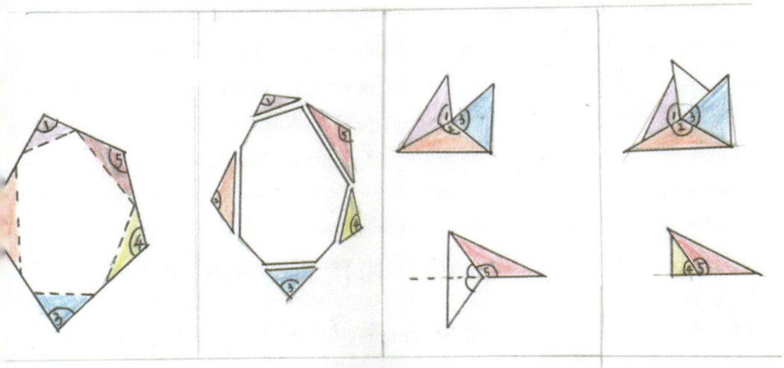

三角形的三个角加起来是半个派的角度。五角形的五个角加起来是一个半的派的角度，恰好是三角形的角度的三倍。

你知道这是为什么吗？

像图上一样，先把五角形分成一个三角形和一个四角形。然后，把四角形再分成两个三角形。

现在算算看有几个三角形了。

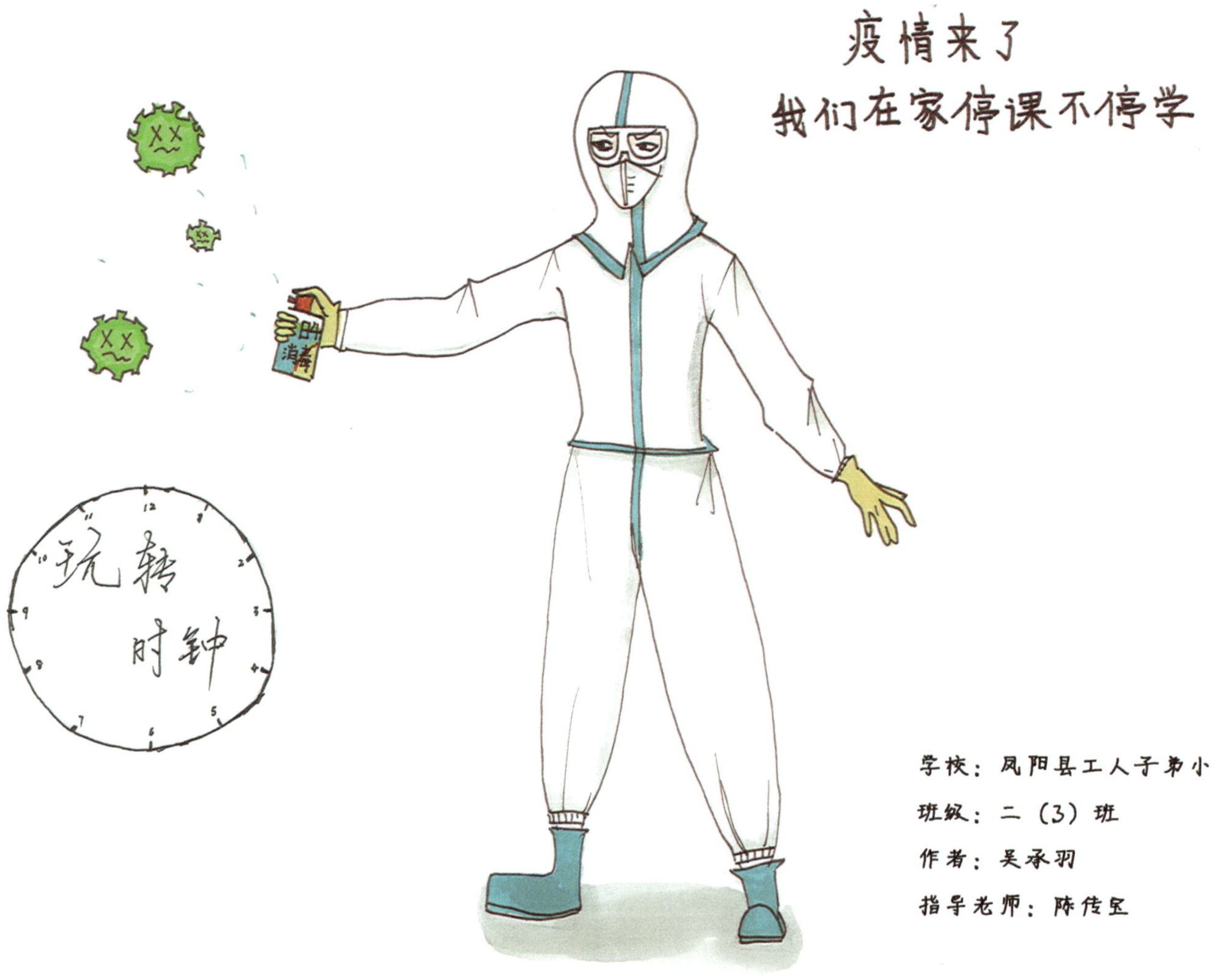

学校：凤阳县工人子弟小学
班级：二（3）班
作者：吴承羽
指导老师：陈传宝

我吃饭的时间是 8:40，再过 20分钟，又过了 1 个小时，现在是几点？

2

周末，我写了50分钟作业，写完作业后发现是11点。

我刚开始写作业是几点？

周一，我晚上9:00睡觉，次日早晨7:00起床，

我睡了几个 小时？

4

认识图形
一天，一个小男孩经过一个图形王国，他在王国的路口看见三个奇怪的人，于是他就向他们打起了招呼。
学校：凤阳县工人子弟小学
班级：二（2）班
学生：杜鑫宇
指导老师：罗杉杉
我是正方形，我有四条边，比你多一条边，还有四个角每个角都是直角。
你好，我是Jack，你们叫什么？
我叫三角形，我有三条直直的边，还有尖尖的角。
我叫圆形，虽然我没有边，可是我身上圆滚滚地，多可爱！

原来，图形王国是这三个小伙伴的家，他们邀请Jack去图形王国做客，Jack爽快地答应了。
欢迎
很高兴，能和你们一起玩，我们走吧。
欢迎
王国里还有好多和我们一样的图形，跟我们一起玩吧。
2

你还认识哪些图形，
找找看吧！
Jack，你能找到和
我们一样的图形
吗？
动动你们的小手
找找看吧！
小朋友们帮Jack
找找三角形，正方
形，和圆形在
哪里吧！
3

强盗来敲门 2
——表内除法

学校：凤阳县工人子弟小学

班级：一（2）班

学生：王禹涵

指导老师：罗杉杉

数学王国里来了一个强盗！
为了保护大家，数学国王请
魔法师除号先生当保安。
现在，除号先生正在巡逻，而
强盗盯上了10号小屋。
保安
10号小屋
10号小屋里住着1和0！
2

除号先生刚走，强盗就来到10号小屋门前"咚咚咚"地敲门，1和0听见了，赶紧按下了紧急报警按钮。树上的小鸟看见了，也赶紧去报信。
历史
政治
语文
英语
科学
美术
强盗在敲门
1和0好害怕!!!
3

比分表
10÷2=?
麻咪
麻咪
变变变！
裁判
讲解员
战况实时讲解
除号先生赶紧跑来，使出了专门对付强盗的魔法。瞧！除号先生的魔法棒一挥，小屋变成了赛场，除号先生也把自己变成了裁判。一场激烈的除法大战开始了，可别眨眼哟！
4

比分表
10÷2=?
裁判
加油!
“呜呜呜”1离门最近，可他一出门，就被2揍了一顿，他只好去找0帮忙了。哈哈！1和0合体成10，这下，有2的苦头吃了！来为他们一起加油吧！
5

比分表
10÷2=?
裁判
到底是多少?
1和0出去把2揍了一顿，可是，10揍了2几下呢？
裁判见小朋友怎么也算不出来，赶紧施个魔法，把10
变成10个不倒翁，一次拿走2个，想一想，拿走几次呢？
6

比分表
蓝 队 得分
10÷2=5
5???
裁判
功劳归谁???
蓝方胜利
对，是5次！10÷2=5！可是，在赛场上，功劳5归谁呢？1和0都在把功劳推让给对方，连除号先生都不知道怎么办。那么，请你这个公正的裁判，说一说功劳到底归谁吧！
7

比分表
得分
10÷2=5
对了，没有0帮忙，1打不过2！所以功劳归0。一起来看看这场除法大战的结果吧！其实，除法还有很多秘密，要慢慢告诉你呢！
5
2
10
10
0
2×5=10！1和0打强盗耗了10个体力！
10-10=0！1和0只有10个体力，打完强盗就一个体力也不剩了！
8

学校：凤阳县亮岗学校

班级：一（2）班

姓名：许研

指导教师：屈月月

今天妈妈上街买回来很多水果。她把水果洗好放在茶几上，我仔细数了一下：15个草莓，32个车厘子，28个圣女果。妹妹马上扑了过去吃起来。

不一会儿茶几上的水果就少了不少。我数了一下：草莓还有9个，车厘子还有20个，圣女果还有20个。妹妹的肚子撑得像一个球。
妈妈，妹妹吃了好多水果!
吃了多少!

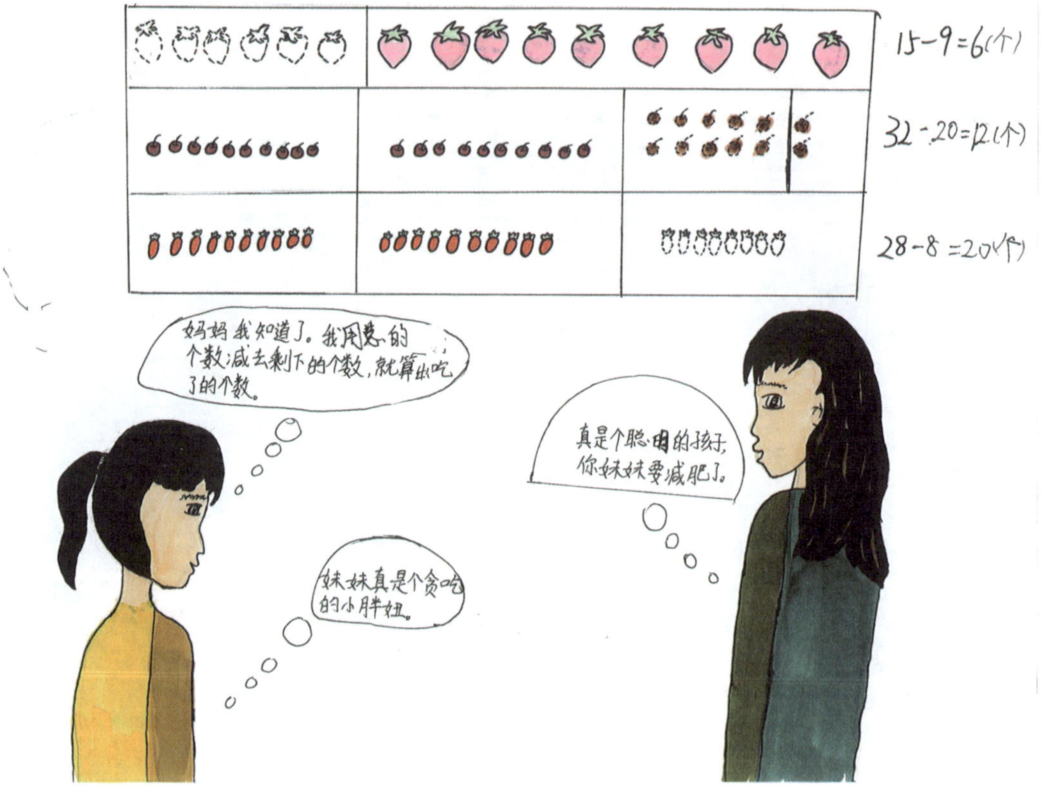
15-9=6(个)
32-20=12(个)
28-8=20(个)
妈妈我知道了。我用总的个数减去剩下的个数，就算出吃了的个数。
真是个聪明的孩子，你妹妹要减肥了。
妹妹真是个贪吃的小胖妞。

学校：凤阳县亮岗学校

班级：一（2）班

学生：王梦瑶

指导教师：屈月月

七巧板创意画

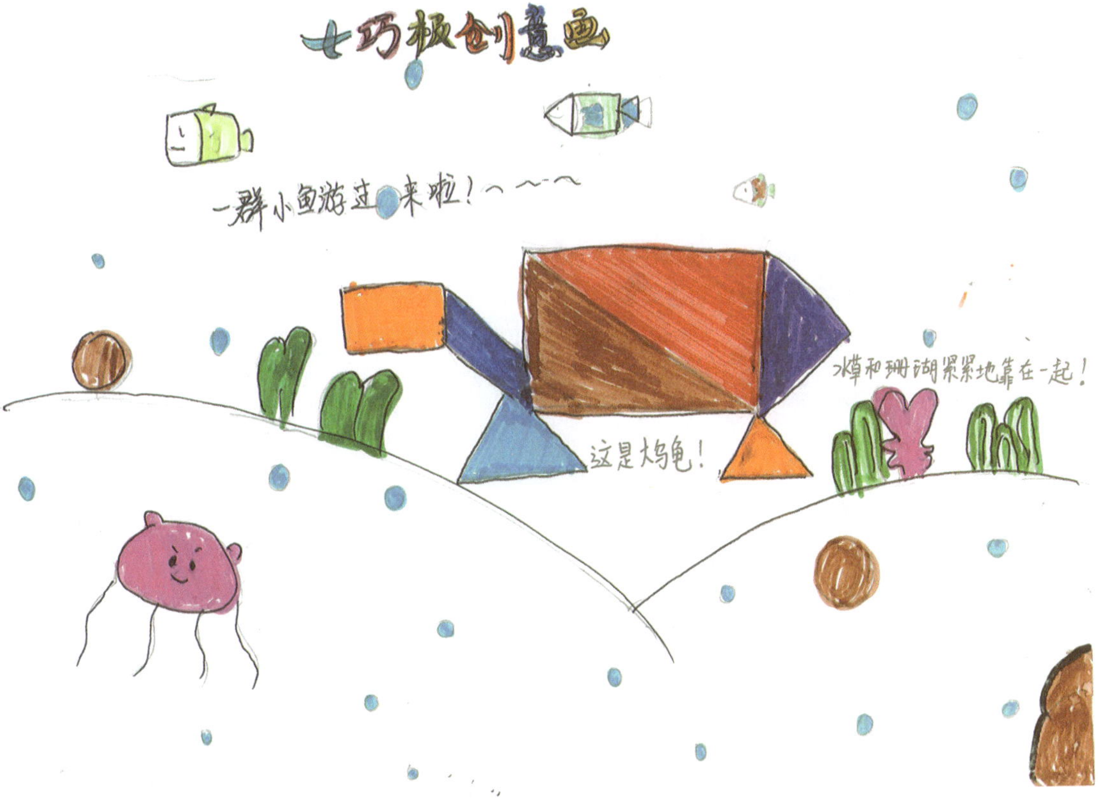
七巧板创意画
一群小鱼游过来啦！
这是大乌龟！
水草和珊瑚紧紧地靠在一起！

学校：凤阳县工人子弟小学

班级：一（2）班

学生：郭启铮

指导教师：沈小艳

过年了
1

谢谢奶奶!
谢谢奶奶!
爱你,奶奶!
2

我的最多，奶奶
最疼我！
奶奶偏心，
疼哥哥！
奶奶不疼我，
我的最少。
3

孩子们，1元=10角，你们的红包钱数是一样多的。快别哭了。
一样多！
原来我不是最多的！
4

寻找爷爷
学校：凤阳县实验小学
班级：二（4）班
姓名：张昌盛
指导教师：苏红艳

明天是星期天，
爷爷晚上也不知道在给谁打电话，
他本来和我约好了明天要去公园的，
难道要去别的地方吗？
我是数学家爷爷的最佳助手，
无论爷爷去哪里我都要跟着一起去。

早上睁开眼，
就发现爷爷不在家，只看见桌子上有几张纸条。
对，一定是爷爷在考验我，
我一定要找到爷爷……

2

我先拿着写着“拿走的东西”的纸条，嗯，底是圆圆的和四边形的。底是圆圆的话，是垃圾筒还是花盆？底是四边形的话，是鱼缸？还是玩具箱子？但是这些东西都在呀，如果爷爷能拎走的话，那一定是有把手的东西！
3

对，就是这个！
在有把手的东西中底是四边形
的是爷爷的钓鱼包，
在有把手的东西中底是圆形的是
爷爷的 鱼竿包，
爷爷忘了和我的约定，去钓鱼了。
真的很过分！
我决定去找爷爷。
4

我拿着写着“出发的场所”的纸条，来到最高的楼房房顶向下看：楼房看起来都像箱子一样小了，都是四边形。现在只要找到圆形和三角形就行了。
哇，找到了！
从上面看模样是圆形、三角形和四边形的地方！
我终于找到出发的场所了！
5

海洋馆
始发站
如果不到高的地方去找的话肯定找不到的。
因为从正面看楼房大部分都是四边形的。
来到最高的建筑物顶上看到的地方——
一个汽车站点出现了，
是去“海洋馆”的环线公共汽车出发
站点。
“海洋馆”有一个地方可以钓鱼，
爷爷会在那儿吗？
6

我拿着写着"到达的地方"的最后一张纸条，
"长方形，圆形、长方形……"
"长方形、圆形、长方形……"
"在那里……，终于找到了！"
"快进去看看吧！"
7

哇，这里有这么多好看的鱼，
还有各种各样的水母。
那边拿着鱼竿的爷爷正在朝我挥手，
“我就知道你一定能找到。”
爷爷一大早有一个钓鱼比赛，没有把我
叫醒，便留下线索，相信我自己一定可
以找到，因为我是爷爷的最佳助手呀！
8

卡卡和他的牛

学校：凤阳县实验小学
班级：四（3）班
姓名：孙艺涵
指导教师：王从良

不会数数的卡卡就连他自己养了几头牛也不知道。
村里的老人告诉卡卡把牛和石头配对的方法。
“牛，石头；牛，石头；牛，石头……
像这样把牛和石头配成对，就可以了。”
牛和石头配成对，就可以了。
石头的数量可以代替牛的数量。

孩子们从学校回来了，家里顿时热闹起来。
"爸爸，我们今天学了数字！"
孩子们兴高采烈地说道。
"如果会数数的话，
那么不用石头也可以知道牛有几头、鸡有几只了。"
于是，卡卡打算跟孩子们学习数字。

孩子要抓鸡的时候，
有1只鸡扑腾飞到树枝上。
地上有4只鸡，树上有1只鸡。
数字5可以分为4和1。

有一只鸡把孩子啄哭了。
卡卡正要赶那只鸡的时候，
它也扑腾飞到了树上。
现在，地上有3只鸡，树上有2只，
数字5又可以分成3和2。

过了一会儿，树上的鸡飞下来，
地上的鸡又变成了5只。

草原附近的狮子很多，牛有可能会被狮子咬去。
学了数数的卡卡去看守牛。
“1头，2头，3头，4头，5头！这边一共有5头牛。”

怎么办？牛不止5头。
但是卡卡只能数到5，又变成了不会数数的卡卡了。

卡卡到家的时候，孩子们也正好从学校回来了。
“爸爸，今天我们又学数字了。”孩子们兴高采烈地说道，
“比5多的数也能数啦！”
竖起耳朵听着的卡卡打算跟孩子们学比5大的数字。

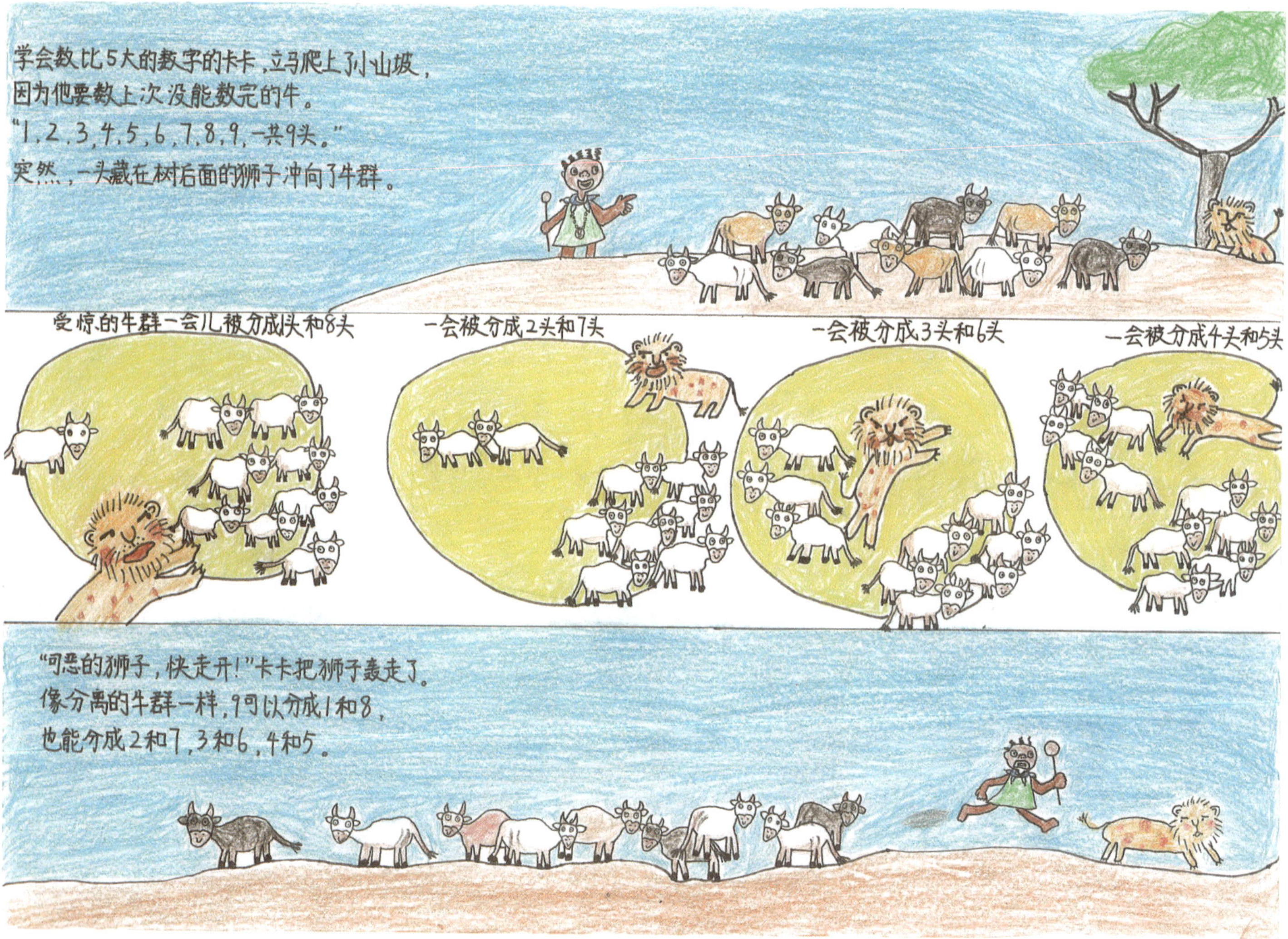
学会数比5大的数字的卡卡，立马爬上了小山坡，
因为他要数上次没能数完的牛。
"1，2，3，4，5，6，7，8，9，一共9头。"
突然，一头藏在树后面的狮子冲向了牛群。
受惊的牛群一会儿被分成1头和8头
一会被分成2头和7头
一会被分成3头和6头
一会被分成4头和5头
"可恶的狮子，快走开！"卡卡把狮子轰走了。
像分离的牛群一样，9可以分成1和8，
也能分成2和7，3和6，4和5。

回到家，他发现孩子们又学会了新的数字。
"爸爸，今天在学校学了新数字'0'。"
"那是什么数字？"
"是在什么也没有的时候使用的数字。"
卡卡又学会了表示"什么也没有"的数字"0"。
今天的牛全都被狮子咬走，剩下的牛就为0头了。

好好学习
天天向上
师VS生
共创数学绘本

后　记

本校本教材系安徽省教育科学研究项目“小学低年级数学绘本教学的实践研究”（编号：JK18037）的成果。

该成果遵循《义务教育数学课程标准》（2011年版）的基本理念和要求，突出自身特色，力求构建体现素质教育要求、促进学生全面发展的小学低年级数学校本教材新体系。

本校本教材的主要特色有：

1. 以生动活泼、形式多样、图文并茂的形式呈现小学低年级数学拓展性课程内容。

2. 设置了“数学就在我们身边”“一起来做思维体操”“师生共创数学绘本”三个版块，着力培养学生“四能”。

3. 主要以数学故事的形式呈现数学应用、数学思想方法，让学生在做数学中充分感受数学的趣味性和实用性。

4. 遵循学生认知规律，立足学生创新实践，为教师、家长和学生提供丰富的学材，培养学生学习数学的兴趣。

“小学低年级数学绘本教学的实践研究”项目组

2020年8月